La guerre ratée d'Israël
contre le Hezbollah

Du même auteur

Pourquoi ils se battent,
voyages à travers les guerres du Moyen-Orient,
Flammarion, 2005

Renaud Girard

La guerre ratée
d'Israël
contre le Hezbollah

PERRIN
www.editions-perrin.fr

Guerre ratée, mais guerre gagnée

12 juillet-14 août 2006 : ce mois d'opérations militaires aériennes et terrestres menées par l'Etat d'Israël contre le Hezbollah sur le territoire libanais sera étudié, dans les écoles de guerre occidentales, comme l'exemple-type d'une guerre asymétrique ratée, livrée par une démocratie contre un mouvement de guérilla. Guerre mal pensée. Guerre mal conduite. Guerre avortée. Les raisons en sont tout autant politiques, stratégiques que tactiques.

Qu'est-ce qu'une guerre ratée ? Dans une démocratie, c'est une guerre où les objectifs annoncés à la population ne sont pas remplis. Les deux buts définis initialement par le Premier ministre israélien ne sont pas atteints : la libération sans condition des deux prisonniers israéliens faits par le Hezbollah lors de son opération commando du 12 juillet ; le démantèlement militaire de la milice islamiste chiite. On voit mal aujourd'hui qui pourrait obliger les combattants du Parti de Dieu à rendre leurs armes, ni empêcher le Hezbollah de se concerter avec le Hamas (dont la branche militaire a capturé le 25 juin le caporal Guilad Shalit) pour obtenir d'Israël un échange inégalitaire de prisonniers.

Les 15 Libanais détenus en Israël ne font pas le poids, pour le Hezbollah, avec les deux soldats israéliens prisonniers qu'il détient. Lors du dernier échange, en 2004, le Premier ministre Ariel Sharon avait accepté de libérer 430 prisonniers palestiniens et libanais contre trois dépouilles de soldats israéliens tués dans un accrochage avec le Hezbollah en 2000, et contre le trafiquant de drogue israélien Tenenbaum, que la milice libanaise avait su attirer dans un piège. Ce sont donc aussi des Palestiniens prisonniers que l'Etat hébreu devra relâcher. Sauf à retirer tout sens à sa provocation armée du 12 juillet – menée publiquement par « solidarité » avec les Palestiniens enfermés et bombardés à Gaza depuis la capture du soldat Shalit le 25 juin –, le Hezbollah ne peut accepter d'autre marché.

Une guerre ratée, ce n'est bien sûr pas la même chose qu'une guerre perdue. La prétention d'Hassan Nasrallah, le chef du Hezbollah, d'avoir remporté une victoire stratégique « historique » sur Israël fait rire, jaune. Si 1 100 morts civils, 900 000 déplacés, 15 000 logements détruits ou endommagés, et la disparition des principales infrastructures de transport du sud et de l'est du Liban constituent une « victoire », qu'est-ce alors qu'une défaite ? Réciproquement, ces destructions considérables ne peuvent pas être mises au crédit d'Israël : la réponse de l'Etat juif à l'enlèvement de deux de ses soldats fut à la fois très disproportionnée et très désordonnée.

Mais, si l'on oublie les objectifs proclamés pour ne considérer que la situation stratégique de l'après-guerre, certains observateurs constatent qu'Israël a fait du chemin, en bousculant brutalement le *statu quo ante* militaire et diplomatique. La position de sécurité globale de l'Etat juif est, disent-ils, meilleure aujourd'hui qu'avant la guerre, car la résolution 1701 du Conseil de sécurité représente une réelle avancée pour Israël. Il a en effet obtenu que sa frontière nord soit désormais protégée par une force internationale européenne (France, Italie, Espagne, etc.), laquelle épaule le déploiement de l'armée libanaise régulière. De surcroît, la résolution prévoit le désarmement du Hezbollah et un embargo sur les livraisons d'armes destinées aux milices libanaises.

Si la résolution 1701 était appliquée, la guerre des trente-trois jours marquerait une victoire pour Israël. Mais l'expérience montre que les résolutions de l'Onu sont rarement appliquées, à commencer par celles sur le Liban (425 et 1559). La Finul (Force Intérimaire des Nations Unies au Liban) est renforcée en nombre d'hommes, mais ses missions et son mandat n'ont pas changé. Si les Casques bleus de la Finul se trouvent face à une manifestation du Hezbollah où l'on brandit des kalachnikovs, fonceront-ils dans le tas pour désarmer les militants ? La réponse est évidemment non. Les Européens et les Turcs ont accepté d'envoyer des renforts à la Finul, à la condition expresse de ne pas avoir à désarmer le Hezbollah.

Certes, Israël est en passe d'obtenir l'interruption des livraisons d'armes au Hezbollah en provenance de la Syrie et de l'Iran. L'Etat juif n'a renoncé au blocus des côtes libanaises que le jour où les deux composantes précédentes (armée libanaise et force européenne) ont trouvé un accord pour se déployer le long de la frontière syro-libanaise. Le président syrien Bachar

El-Assad refusait au départ un déploiement de Casques bleus, au motif qu'il signifiait un état d'hostilité entre la Syrie et le Liban. Mais, le 9 septembre 2006, il a accepté le compromis proposé par le président du Conseil italien Romano Prodi, à savoir le déploiement d'inspecteurs européens non armés, chargés d'« aider » les douaniers syriens à vérifier les cargaisons franchissant la frontière. Par ailleurs, la marine de guerre allemande a accepté de patrouiller les eaux libanaises pour empêcher des livraisons d'armes clandestines, par voie de mer, au Hezbollah.

Le bilan coûts-avantages de cette guerre pour Israël est instructif. Côté négatif, l'Etat hébreu s'aliène les opinions publiques du monde entier hors l'Amérique ; il installe le Hezbollah sur un piédestal dans la vie politique libanaise et l'Iran au centre du Levant ; il perd une partie de son pouvoir de dissuasion en montrant vulnérable son armée. Côté positif, Israël a mis le doigt sur les ambitions hégémoniques de l'Iran au Moyen-Orient ; il a obligé la communauté internationale à agir pour redonner au Liban une souveraineté que violait le Hezbollah. Il a montré que les Juifs ne se laisseraient jamais intimider par les politiques de terreur visant leur population civile et indirectement relancé la politique de dialogue au sein de la population palestinienne, comme le prouve l'accord de gouvernement passé le 11 septembre 2006 entre le Hamas et l'OLP.

Au total, cette guerre ratée pourrait être regardée plus tard par les historiens comme une guerre qui aura renforcé la sécurité de l'Etat d'Israël.

Le mot « ratée » est sévère pour une guerre. S'il est aujourd'hui invoqué par la plupart des grands éditorialistes israéliens indépendants et par 63 % de la population israélienne (d'après un sondage effectué début septembre 2006), c'est parce que l'histoire militaire de l'Etat juif est scandée par des guerres « réussies », à l'exception notable, déjà, de celle du Liban (juin 1982-juin 1985).

La guerre d'indépendance (15 mai 1948-13 janvier 1949) établit solidement l'Etat d'Israël sur un territoire représentant plus des trois quarts de la Palestine mandataire (région de feu l'empire ottoman, administrée par la Grande-Bretagne à partir de 1917). La victoire de la jeune armée d'Israël contre les Etats arabes qui l'avaient agressé (Egypte, Syrie, Jordanie, Liban, Irak) enterre leur projet de se partager le territoire de la Palestine et de confiner les Juifs qui refuseraient l'occupation arabe sur une bande côtière allant de Tel-Aviv à Netanya.

La guerre de 1956 contre l'Egypte (29 octobre-7 novembre) est une victoire militaire brillante de Tsahal dans le Sinaï. Le corps de bataille égyptien est annihilé et les bases de fedayins de la bande de Gaza démantelées. Les Israéliens en retirent deux avantages supplémentaires, jusqu'à leur remise en cause par Nasser au début de 1967 : l'instauration d'une zone démilitarisée surveillée par des Casques bleus à leur frontière sud ; la liberté de navigation en mer Rouge sur laquelle donne le port israélien d'Eilat. Que l'opération militaire franco-britannique conjointe (et concertée avec Israël) sur Suez se soit soldée immédiatement par un humiliant retrait imposé aux vieilles puissances coloniales par les Etats-Unis et l'URSS n'affecte en rien Israël. Non seulement le prestige du petit Etat pionnier reste intact, mais il obtient un accroissement considérable de l'aide militaire de la France, qui lui donne les secrets de la bombe atomique et qui lui livre ses meilleurs avions de combat.

La guerre des Six Jours (5-10 juin 1967) marque une victoire totale d'Israël contre tous ses voisins arabes (sauf le Liban resté neutre).

Tsahal s'est emparé de Jérusalem-Est et de toute la Cisjordanie : Israël contrôle maintenant la Palestine mandataire. En outre, l'armée israélienne a conquis, sur l'Egypte, la bande de Gaza et la péninsule du Sinaï, et, sur la Syrie, le plateau du Golan. L'Etat Juif n'a désormais plus de problème de profondeur stratégique face à ses ennemis arabes. La superficie des territoires qu'il contrôle a quadruplé, passant de 20 700 à 88 500 km².

La guerre du Kippour (6-25 octobre 1973) frôle au départ le désastre, pour s'achever par une victoire militaire indéniable contre l'Egypte (dont la 3ᵉ armée est encerclée dans le Sinaï) et contre la Syrie (dont la capitale est à la merci des colonnes blindées israéliennes). Son coût humain élevé (3 000 soldats tués, contre 800 pendant la guerre des Six Jours et 230 pendant la campagne du Sinaï de 1956) en fait un succès très mitigé, aux yeux des Israéliens de l'époque. Mais, cinq ans plus tard, vient la conséquence, qui est une flagrante victoire politique : la paix avec l'Egypte, l'ennemi arabe de loin le plus dangereux pour Israël.

Dans cette guerre de l'été 2006, le gouvernement israélien avait non seulement l'intégralité de son opinion publique derrière lui, mais aussi le droit international pour lui. La provocation du 12 juillet dépassait le simple incident de frontière. Soigneusement préparée, l'attaque surprise du Hezbollah contre la frontière internationalement reconnue d'Israël constituait un acte de guerre, avec l'enlèvement de deux soldats sur le territoire israélien et la mort de huit autres.

Or, au lieu de prendre le temps d'analyser froidement ce qui lui arrivait, l'establishment politico-militaire israélien multiplie les communications vengeresses. Le premier à s'exprimer est le chef d'état-major Dan Halutz, pilote de formation, qui, deux heures après que l'incident fut connu, menace de « ramener le Liban vingt ans en arrière ». Au-delà de ces propos de matamore, les diplomates étrangers en poste à Tel-Aviv s'inquiètent de voir, dans une démocratie, un militaire s'exprimer avant ses autorités politiques, comme s'il voulait leur forcer la main. Le chef d'état-major aurait été bien avisé de se concentrer, dans le secret de son cabinet, sur deux tâches : la préparation de son armée à la nature du nouvel ennemi, l'élaboration des différentes options stratégiques cohérentes à présenter à son gouvernement.

Le Premier ministre Ehud Olmert ne résista pas davantage à l'ivresse de la surenchère verbale.

15

Qu'avait-il besoin de proclamer qu'Israël n'échangerait plus jamais de prisonniers, qu'il allait éliminer physiquement Nasrallah et réussir à démanteler la milice islamiste chiite ? Quand on fait la guerre, moins on parle, mieux on se porte. Trop parler, c'est non seulement se lier les mains (sur les plans interne et diplomatique), c'est aussi révéler inutilement sa stratégie à l'adversaire. Un ennemi silencieux est toujours plus effrayant qu'un ennemi annonçant publiquement ses intentions. Le secret des intentions a toujours été un pilier de la dissuasion.

Beaucoup de paroles, peu de réflexion, et précipitation dans l'action. Moins de vingt-quatre heures après l'incident, Israël lance sa campagne de bombardements aériens sur le territoire libanais. Quel besoin Tsahal avait-il donc de se précipiter ? Pourquoi ne pas avoir attendu quinze jours avant d'agir ? Tactiquement, l'effet de surprise ne pouvait pas jouer contre des combattants du Hezbollah, préparés à l'affrontement depuis six ans. Stratégiquement, un tel délai aurait pu être mis à profit par l'État juif pour préparer son armée au combat antiguérilla en terrain hostile et pour se fixer des objectifs réalistes. Politiquement, Israël aurait eu le temps de « vendre sa cause » aux opinions publiques du monde entier. Si le gouvernement de Jérusalem avait adressé au gouvernement libanais un ultimatum lui donnant deux semaines pour déployer son armée à la frontière et appliquer enfin la résolution 1559 du Conseil de sécurité de l'Onu prévoyant le désarmement du Hezbollah, le monde entier aurait compris. Il n'était pas difficile pour les Israéliens d'expliquer aux opinions publiques du monde entier le caractère intolérable d'attaques militaires perpétrées contre son territoire, à partir de celui d'un Etat voisin souverain.

Au lieu de cela, Israël bombarda immédiatement les pistes de l'aéroport international de Beyrouth, s'engouffrant dès le premier jour dans une stratégie de la punition collective. Ce choix de privilégier la guerre aérienne s'avéra désastreux. Non seulement les bombardements aériens se révélèrent militairement inefficaces contre un Hezbollah passé maître dans l'art du camouflage, mais ils aliénèrent les opinions publiques européennes, bouleversées par les images récurrentes des dommages infligés à la population civile libanaise. Contrairement à une idée largement répandue, Israël ne peut se contenter de son alliance militaire de facto avec l'Amérique. L'Etat hébreu a un besoin vital de bonnes relations avec l'Europe, son premier partenaire commercial.

« *You do not bomb people into submission* », auraient pu expliquer les historiens militaires américains à l'état-major israélien. Il est illusoire de croire que plus on matraque un pays sans discernement, plus on le détruit, et plus on soumet les différentes composantes de sa population. Cela n'a pas marché au Vietnam contre le Vietcong, on ne voit pas pourquoi ça aurait marché au Liban. L'idée maîtresse des bombardements aériens était de séparer la population libanaise du Hezbollah. Le résultat inverse fut obtenu : les Libanais, dans leur ensemble, se sont montrés solidaires avec le combat de la milice chiite. Pire, le Hezbollah a changé de statut national. Naguère toléré dans la vie politique libanaise, il est devenu aujourd'hui un acteur central. Un sondage, effectué par le journal libanais *L'Orient-Le Jour* le 3 septembre 2006, montre que 49 % des Libanais sont désormais opposés au désarmement du Hezbollah.

Vint ensuite la tactique des incursions mécanisées terrestres de Tsahal dans les villages du Sud-Liban. C'est exactement ce qu'attendait le Hezbollah, milice maîtrisant parfaitement l'art de l'embuscade et dotée par l'Iran et la Syrie d'armes antichar dernier cri. Chaque soldat israélien tué (il y en eut 116 en tout) devenait une victoire stratégique pour Nasrallah, salué comme un nouveau Saladin par les masses politiquement frustrées du monde arabo-musulman.

Enfin, dans les dernières quarante-huit heures, alors que le gouvernement de Jérusalem savait qu'il allait accepter le cessez-le-feu imposé par le Conseil de sécurité de l'Onu, Tsahal se rua vers le fleuve Litani, dans l'espoir puéril de sauver la réputation, interne et externe. Interne, pour justifier face aux contribuables israéliens que 60 % du budget de l'Etat juif aille à Tsahal. Externe, pour restaurer le pouvoir de dissuasion d'Israël au sein du monde arabo-musulman. Opération aussi coûteuse qu'inutile.

De bout en bout, la conduite de la guerre, dominée par des impératifs médiatiques, aura fait l'impasse sur l'analyse lucide des points forts de l'ennemi. Stratégiquement, Israël s'est montré indécis tout au long du conflit, car il était traumatisé par l'idée d'avoir à réoccuper ne serait-ce qu'une partie du territoire libanais, et paralysé par la perspective de pertes humaines importantes au sein de Tsahal. Comment justifier de perdre des dizaines, voire des centaines de jeunes gens pour essayer d'en libérer deux ?

La guerre a été conduite comme on prépare en urgence un cocktail compliqué, dont on n'est pas sûr de la recette. On a d'abord mis du bombardement aérien. Comme cela ne marchait pas, on a ajouté des incursions terrestres limitées, dans le temps comme dans l'espace. Enfin, avant le cessez-le-feu, on a rajouté une forte rasade d'invasion générale. Au final, le cocktail eut un goût de raté, d'inachevé.

Tsahal avait dans ses cartons le plan d'une opération terrestre d'enveloppement, qui consistait à monter très rapidement sur le Litani, puis de descendre lentement en râteau vers la frontière israélo-libanaise, en éliminant au passage toutes les poches du Hezbollah. Dans une telle opération, l'aviation aurait joué un rôle de soutien au sol, au lieu de pratiquer une punition collective. Cette option – simple et de bon sens – n'a pas été choisie parce que le gouvernement s'est bercée de l'illusion que l'on pouvait avancer parallèlement sur le plan militaire et sur le plan diplomatique. La réalité est qu'une guerre doit pouvoir être livrée très rapidement sans interférence diplomatique et que la négociation ne doit commencer que lorsqu'un nouveau rapport de forces a été acquis sur le terrain.

Voilà pourquoi à peine le cessez-le-feu était-il entré en vigueur que les officiers et les soldats réservistes, relayés par les médias israéliens, se sont déchaînés contre le gouvernement et l'état-major, accusés de les avoir entraînés sans préparation dans une aventure coûteuse et dépourvue de victoire finale. Tsahal va devoir opérer une révision complète de sa doctrine d'emploi des forces. La chance de l'Etat d'Israël est qu'il soit une démocratie : le débat y est libre, y compris en matière militaire. Car Tsahal est une armée de citoyens, un peu comme dans l'Athènes de Périclès ou la République romaine des guerres puniques.

On a beaucoup dit qu'Israël avait perdu dans cette guerre sa réputation d'invincibilité − et donc son pouvoir de dissuasion −, comme si une réputation suffisait au Moyen-Orient à dissuader d'agir des milices de combattants islamiques fanatisés. La vérité est que Tsahal avait « perdu la main » depuis vingt ans, à force d'être utilisé dans des opérations de police contre les Palestiniens des territoires occupés. Les soldats d'élite israéliens − Golani, Givati, parachutistes, etc. − doivent désormais réapprendre à se battre, à pied, contre un ennemi bien armé et décidé. Les chars − trop lourds, trop vulnérables, trop

21

voyants, trop bruyants – vont être mis de côté, au profit de petites unités mobiles, tels les commandos d'une dizaine d'hommes.

La deuxième chance de l'Etat d'Israël est d'être, depuis sa création, l'objet privilégié d'attention de toutes les grandes diplomaties du monde. Aussi disproportionnée et désordonnée qu'elle ait été, sa réaction militaire à l'agression du Hezbollah a provoqué un effort sans précédent du Conseil de sécurité de l'Onu, sur fond de réconciliation franco-américaine et d'inquiétude mondiale quant aux prétentions hégémoniques de l'Iran. Israël, qui a raté la guerre, est en train de gagner la paix. Son front nord ne sera plus jamais attaqué. Quant au front intérieur, celui des territoires occupés, il commence à bouger dans le bon sens. Le Hamas accepte désormais de former un gouvernement commun avec l'OLP, organisation qui a reconnu explicitement l'Etat d'Israël. L'Europe se mobilise pour la reconstruction de Gaza, abandonnant enfin sa politique irréaliste – et antidémocratique – de non-dialogue avec le mouvement palestinien des Frères musulmans.

La guerre des trente-trois jours a permis à Israël de sécuriser son front nord. La paix avec l'Egypte et la Jordanie sécurisent les autres fronts externes – et la Syrie n'est plus en état de présenter la moindre menace militaire crédible contre l'Etat juif. Le gouvernement de Jérusalem saura-t-il saisir sa chance de sécuriser, dans la foulée, son front intérieur ? Ariel Sharon, qui s'est battu sur tous les fronts extérieurs d'Israël depuis la guerre d'indépendance, avait lui-même fini par comprendre que le front intérieur était de loin le plus dangereux de tous : on ne peut rien contre une bombe démographique.

Si, en dépit des provocations de groupuscules extrémistes qui existeront toujours, Israël consent enfin à dialoguer avec les autorités régulièrement élues de Palestine, la guerre du Liban de 2006 pourrait très bien constituer l'ultime conflit israélo-arabe, une sorte de « der des der » du Levant.

J'étais arrivé en Israël le 4 juillet 2006, pour écrire un long article historique sur la trace qu'avait laissée dans son pays Golda Meir, militante sioniste de la première heure et chef du gouvernement de 1969 à 1973. Les Israéliens n'avaient toujours pas pardonné à leur dame de fer, pourtant pionnière de leur Etat, d'avoir refusé d'attaquer en premier les armées égyptienne et syrienne lors de la guerre du Kippour d'octobre 1973. Privé de l'avantage de l'initiative et de l'effet de surprise, Israël avait subi, au début, de graves revers militaires, dans le désert du Sinaï comme sur le plateau du Golan.

Le 10 juillet, j'avais accepté de participer à un programme organisé pour un petit groupe de journalistes européens par le ministère des Affaires étrangères, destiné à défendre la position israélienne sur la crise à Gaza. Quinze jours plus tôt, un commando du mouvement palestinien islamiste Hamas avait enlevé, en territoire israélien, un soldat de Tsahal. Israël avait réagi en bombardant lourdement la bande de Gaza, détruisant même sa centrale électrique. Une réaction jugée disproportionnée par l'ensemble de la communauté internationale.

Le 12 juillet, alors que nous nous apprêtions à embarquer à bord d'un hélicoptère pour survoler le territoire exigu d'Israël, notre guide, le visage soucieux, nous apprend qu'un commando du Hezbollah venait de réussir à enlever deux soldats de Tsahal, après avoir franchi la frontière libanaise. Nous avons tout de suite senti qu'Israël n'allait pas laisser passer cet affront sans réagir, et que quelque chose de grave se préparait. Mon journal, Le Figaro, m'a alors demandé de rester, pour assurer la couverture de la guerre, du côté israélien.

Tout au long de ce reportage de six semaines, j'ai été frappé par l'ouverture, la gentillesse et le patriotisme de la population israélienne. Mais, en même temps, j'ai constaté, sur le terrain, une faillite de l'establishment politico-militaire, prisonnier d'une idéologie guerrière simpliste et d'impératifs de communication immédiats, et donc incapable de construire une réponse stratégiquement proportionnée, politiquement raisonnable et militairement efficace, à l'agression subie par Israël.

Les pages qui suivent sont le récit de ce long reportage politico-militaire *.

---

* Voir les cartes page 151.

L'improvisation du gouvernement

L'attaque du Hezbollah menée le mercredi 12 juillet à l'intérieur du territoire d'Israël et l'enlèvement de deux de ses soldats est perçue par la population à Tel-Aviv comme un nouvel échec tactique pour Tsahal. En effet, elle survient après l'enlèvement réussi du soldat Shalit le 25 juin dernier par un groupe militaire affilié au Hamas, opérant à partir de Gaza. Mais elle n'a prétendument pas constitué une surprise stratégique pour le gouvernement de Jérusalem. « Cela fait longtemps que nous avons repéré un nouvel axe du mal à l'œuvre au Proche-Orient, formé du Hamas, du Hezbollah, de la Syrie et de l'Iran. Cet axe, qui n'est pas seulement anti-israélien, mais aussi anti-occidental en général, est soudé par une ambition commune : rayer Israël de la carte et faire échouer les efforts occidentaux pour aboutir à la solution de deux Etats vivant en paix entre la Méditerranée et le

Jourdain », m'explique, le 13 juillet au matin, le vice-premier ministre Shimon Peres, qui me reçoit, à Tel-Aviv, avec un petit groupe de journalistes européens, au dernier étage du gratte-ciel dont dispose le gouvernement pour ses ministres de passage.

« Le Hezbollah, qui est devenu le principal agent provocateur de la région, est intervenu pour empêcher toute éventuelle résolution de la crise créée par le Hamas. Son erreur – qui fut aussi celle du Hamas – est d'avoir parié sur une prétendue faiblesse du gouvernement israélien. Car notre objectif est désormais de nous débarrasser de la menace du Hezbollah pesant sur notre frontière nord, qui s'est progressivement accrue depuis mai 2000 (date du retrait israélien unilatéral du Sud-Liban) ; nous ne pouvons plus accepter la dialectique du gouvernement de Beyrouth qui est de nous dire "nous ne contrôlons pas le Hezbollah mais nous vous demandons de ne pas les attaquer" », poursuit l'ancien artisan des accords d'Oslo.

Israël va-t-il pour autant renvoyer son armée de terre au sud du Liban ? « Non. Nous n'avons aucunement l'intention d'ouvrir un second front sur terre. Il n'y a pas de conflit entre Israël et le Liban, mais seulement entre nous et le

Hezbollah », me répond, dans l'après-midi du 13 juillet, Mme Tzipi Livni, ministre des Affaires étrangères de l'Etat hébreu. « Notre aviation bombarde uniquement les objectifs tenus par le Hezbollah, et notamment les sites où il entrepose ses missiles, qu'il envoie ensuite sur nos villes et nos villages. Les postes à la frontière libanaise ont été désertés par le Hezbollah à la suite de nos tirs. Nous espérons que le gouvernement libanais va en profiter pour y envoyer son armée. C'est pour lui une occasion unique de se conformer à la résolution 1559 du Conseil de sécurité de l'Onu ! »

Pour la ministre (qui était le dauphin politique qu'Ariel Sharon s'était choisi avant d'être victime d'une attaque cérébrale au mois de janvier 2006), « le Hezbollah a un double objectif, qui n'a rien à voir avec les intérêts du Liban. Il intervient d'abord comme le bras armé de l'Iran sur le front avec Israël. Le président iranien Ahmadinejad veut enflammer la région afin de détourner l'attention de la communauté internationale, qui était jusque-là concentrée sur son programme nucléaire militaire. Deuxièmement, le Hezbollah cherche à devenir un pivot dans le conflit israélo-palestinien. Son chef, Nasrallah, s'est rendu il y a quelques jours à

Damas, uniquement pour s'assurer que Khaled Mechal (le leader du Hamas) n'allait pas ordonner la libération du soldat Shalit. Je vous le dis tout net : l'Etat d'Israël n'a aucunement l'intention de donner un droit de veto au Hezbollah dans la résolution du conflit israélo-palestinien ! »

La ministre, qui reste en permanence en contact téléphonique avec ses homologues américain, britannique et français, compte sur la communauté internationale pour accroître ses efforts visant à obtenir du Liban le démantèlement de la milice du Hezbollah. « Il est dramatique que chaque fois que nous nous retirons de territoires occupés derrière les frontières internationalement reconnues, des organisations terroristes s'en servent pour lancer des attaques contre notre population civile : hier les roquettes Qassam lancées par le Hamas contre Ashkelon, aujourd'hui les Katiouchas contre Nahariya. Cela fait six ans que nous nous sommes retirés du Sud-Liban. Qu'a fait la communauté internationale pour obtenir le démantèlement militaire du Hezbollah ? »

Au ministère de la Défense à Tel-Aviv, on insiste sur la nécessité de tenir l'Etat libanais pour comptable des attaques partant de son territoire, mais on veut également minimiser la portée politique du bombardement des pistes de l'aéroport international de Beyrouth. « Notre but est d'empêcher l'exfiltration vers l'Iran de nos deux soldats enlevés ainsi que d'empêcher la fourniture d'armes par Téhéran au Hezbollah. Le blocus naval répond au même but. Le bombardement des ponts au sud du Liban est destiné à bloquer tout nouveau transport de missiles par le Hezbollah, de la banlieue sud de Beyrouth en direction de la frontière avec Israël », m'explique le 13 juillet au soir le général de corps d'armée Wasser-Cooper.

Alors que le soleil se couche sur la grande métropole côtière – dont l'activité économique florissante n'est en rien dérangée par le début de guerre au nord du pays –, deux douzaines de militants israéliens du mouvement La Paix maintenant manifestent devant le portail du ministère de la Défense (la seule institution israélienne que Ben Gourion n'avait pas transférée à Jérusalem), pour exiger la fin des opérations militaires au Liban. Une goutte d'eau dans la mer d'une opinion publique israélienne très largement acquise au principe de l'opération en cours...

Haïfa, ville fantôme

Haïfa, la troisième agglomération d'Israël après Tel-Aviv et Jérusalem, ressemble, ce dimanche 16 juillet 2006, à une ville fantôme. Commerces fermés, peu de voitures dans les rues, plages et trottoirs désertés, pas la moindre activité dans le port. La population a suivi à la lettre les instructions de la police diffusées sur la radio nationale peu après 9 heures, demandant aux habitants de rentrer chez eux et de se mettre à l'abri.

Le matin, la ville a en effet subi le premier bombardement de son histoire, consistant en une trentaine de missiles Rada de fabrication iranienne, tirés par le Hezbollah d'une distance supérieure à 40 kilomètres, depuis ses repaires du Sud-Liban. Dépourvus de système de guidage intégré, ces missiles restent extrêmement imprécis. Sept d'entre eux sont d'ailleurs tombés dans la mer. Mais, à 9 heures, un missile Rada est tombé sur l'atelier de réparation des wagons de la société nationale des chemins de fer israéliens, situé en plein centre de la zone industrielle. Le dimanche étant le premier jour de la semaine en Israël (l'équivalent de notre lundi), une trentaine d'ouvriers et de techniciens étaient en plein travail. Le missile a percé le toit du hangar, pour exploser sur une aire de travail, entre deux wagons, balayant d'éclats mortels toute la zone. Huit ouvriers ont été tués sur le coup. Un neuvième est mort deux heures plus tard des suites de ses blessures. six autres, grièvement blessés ont été évacués en ambulance vers les hôpitaux d'Haïfa.

En Israël, pays qui eut à gérer une vague exceptionnelle d'attentats suicides entre 2001 et 2004, les secours sont extrêmement bien organisés. La police boucle le quartier touché, afin de permettre aux professionnels de remplir leur tâche sans être dérangés par les badauds. Une fois que les médecins urgentistes eurent évacué tous les blessés du hangar, ce fut au tour des experts en explosifs de la police d'investir les lieux : on examine les impacts, et on prélève des éclats, qui sont immédiatement envoyés pour analyse aux laboratoires spécialisés. Parallèlement, les volontaires de l'association religieuse privée Zaka ramassent tous les débris humains, selon un rituel propre au judaïsme.

Le terrain est ensuite investi par les professionnels de la communication. Ayant parfaitement compris les enjeux de la guerre médiatique, les autorités israéliennes ont dépêché sur place des porte-parole anglophones, prêts à répondre instantanément aux questions des journalistes des télévisions étrangères, affluant par dizaines pour filmer le hangar dévasté. Porte-parole de la police, l'inspecteur Micky Rosenfeld se contente de donner des faits et des chiffres, d'une voix neutre. Au cinquième jour de ce conflit, ce sont déjà quelque 400 missiles qui sont tombés sur le nord d'Israël. « La population menacée par les tirs du Hezbollah dépasse désormais le demi-million d'habitants », m'explique l'inspecteur Rosenfeld. « Nous avons ordonné l'annulation de toutes les manifestations culturelles ou sportives qui devaient se dérouler à l'air libre. Le très populaire festival de plage de Haïfa, qui se déroulait actuellement, a évidemment été annulé. »

Myriam Eisen, porte-parole dépêchée par le bureau du Premier ministre, enchaîne les interviews devant les caméras, explicitant inlassablement la position de fermeté du gouvernement israélien. « Ne nous leurrons pas, me dit la jeune femme dans son anglais parfait, il s'agit d'une guerre, et elle sera longue. Le Hezbollah a commis contre Israël une agression totalement non provoquée, alors que cela fait six ans que nous nous sommes retirés du territoire libanais. Nous ne sommes pas prêts à accepter de voir nos villes soumises à la terreur du Hezbollah, mouvement financé et armé par l'Iran. Voilà pourquoi nous leur avons coupé leurs voies d'approvisionnement. Nous tenons responsable le Liban pour les attaques partant de son territoire. Nous exigeons que ce soit l'armée libanaise et non la milice du Hezbollah qui tienne la frontière, comme l'exige la résolution 1559 de l'Onu, qui prévoit le démantèlement de toutes les milices au Liban. Nous avons décidé de nous débarrasser une fois pour toutes de la menace du Hezbollah à la frontière nord de notre pays ! » Le discours est simple, clair, cadré : du pain bénit pour les journaux télévisés d'Amérique et d'Angleterre, meilleurs alliés d'Israël au sein du Conseil de sécurité de l'Onu.

Sur les hauteurs de Haïfa, dans le quartier des HLM de Neveshanen (qui, en hébreu, signifie « oasis »...), il n'y a pas âme qui vive dehors. Des guirlandes de drapeaux israéliens ornent l'entrée des immeubles. Quelques familles ont rejoint les abris souterrains de leur immeuble, où elles regardent en permanence les nouvelles diffusées par la télévision israélienne. Mais la plupart sont restées dans leurs appartements, qui jouissent d'une vue panoramique sur toute la baie, traversée de temps à autre par des hélicoptères militaires volant par paire, et d'où l'on devine, au loin, les collines marquant la frontière avec le Liban.

Remontant l'escalier de béton menant de l'abri à son appartement, une dame accepte de répondre à nos questions. Elle s'appelle Hanna, elle a 48 ans, elle est architecte. Dès le hurlement des premières sirènes, elle a quitté son agence située près du port pour s'assurer que sa famille était saine et sauve. « Exposé au nord, notre abri improvisé est mal conçu. C'est parce que notre immeuble a été construit en 1986, une époque où il était inimaginable que Haïfa pût jamais être bombardé. »

Hanna, qui a voté Kadima (le parti centriste fondé par Sharon) aux dernières élections, soutient à fond l'opération sur le Liban décidée par son gouvernement : « Les islamistes du Hezbollah ont interprété notre désir de paix pour de la faiblesse. Voilà pourquoi ils nous ont attaqués. Que voulez-vous, ces gens-là ne s'intéressent pas à la paix, ni au bien-être économique, ni même à la vie. Leur seule ambition, c'est de devenir des martyrs ! »

Le confort illusoire
de la guerre à distance

Le long de la route touristique 89 reliant
d'ouest en est la cité balnéaire de Nahariya au
massif montagneux du Golan, on passe abruptement d'une atmosphère de paix à la guerre.
Dans une sorte de carrière de terre rouge située
à 500 mètres en aval de la route, un régiment
d'artillerie a installé ses obusiers de 155 mm
montés sur chenilles. A vol d'oiseau, on est à
moins de 5 kilomètres de la « ligne bleue », qui
marque la frontière avec le Liban.

Sur ce campement improvisé, il règne, ce
lundi 17 juillet, un mélange de décontraction et
de professionnalisme typique de l'armée israélienne. Pour la plupart, les artilleurs sont des
conscrits, âgés d'une petite vingtaine d'années.
Chacun remplit sa tâche avec le détachement
calme de ce qui pourrait n'être qu'un exercice.
Mais les obus qu'ils tirent sont bien réels et ils

tombent en quelques secondes sur le territoire libanais. Les soldats de Tsahal sont détendus, car ils savent que le Hezbollah n'a pas les moyens de localiser leur position ni de leur envoyer en retour quelques salves de roquettes Katioucha. Mais discipline oblige, tous portent en permanence leur fusil Galil en bandoulière. On ne voit pas la moindre soldate ici, sur ce qui est supposé être le « front » (dès l'âge de 18 ans, tous les Israéliens font leur service militaire, qui est de trois ans pour les garçons, et deux ans pour les filles).

Conduit par un réserviste aux cheveux longs, un Fenwick, dont la palette transporte deux douzaines d'obus de 155 mm, fait constamment la navette entre les cinq obusiers lourds disposés en étoile. Un char tire quatre obus à intervalles courts, puis, après un silence d'une minute, c'est un autre qui prend le relais. Les acteurs de ce ballet réglé et sonore sont parfois masqués par un écran de fumée et de poussière rouge. Les artilleurs dont ce n'est plus le tour passent en riant des appels sur leurs portables.

Autour des énormes blindés, s'agitent deux personnages en redingote à longue barbe blanche et grand chapeau noir, qui contrastent avec l'uniforme brun clair et le visage glabre des soldats de Tsahal. Ce sont deux loubavitch (confrérie juive orthodoxe dont le siège est à New York) habitant le village voisin. Ils sont venus prendre le nom des artilleurs pour ensuite leur attribuer une lettre de la Torah, rituel censé les protéger à l'avenir de l'ennemi. La plupart des soldats les accueillent avec un sourire aux lèvres, sans pour autant se moquer d'eux ou repousser leurs saintes avances.

Au centre de la tranquille bourgade de Safed, à vingt kilomètres à vol d'oiseau de la frontière, s'étend le vaste quartier général du front nord. A l'entrée de la salle d'honneur, les portraits des commandants successifs depuis 1948 sont alignés en rang. Parmi eux, on reconnaît les visages encore jeunes des généraux Moshe Dayan et Itzhak Rabin. Dans un salon climatisé ornée d'une immense photographie aérienne couvrant un territoire allant de Tel-Aviv à Beyrouth, le général commandant en second le front nord m'explique la stratégie présidant à cette guerre à distance : « Je ne suis pas mécontent de cette occasion, qui me permet de m'échapper un moment du bunker où est installée notre salle de conduite des opérations », commence par plaisanter le général de brigade Shouki Scherur. Puis, il entre dans le vif du sujet : « Ce n'est pas par hasard que nous avons appelé notre opération « Changer de direction ». Depuis notre retrait du Sud-Liban en mai 2000, le gouvernement libanais n'a rien fait pour désarmer la milice du Hezbollah. Elle n'a cessé, depuis, de nous harceler à la frontière. Pendant six ans, nous avons toléré que l'initiative militaire soit du côté du Hezbollah, parce que nous voulions être irréprochables au regard du droit international. Après l'attaque totalement non provoquée de mercredi dernier, nous avons décidé de mettre fin, une fois pour toutes, à cette guérilla dirigée contre notre front nord. »

Le général me prétend que les frappes aériennes, navales et terrestres de Tsahal sur le territoire libanais « ont déjà permis de détruire la moitié des stocks de missiles du Hezbollah ». Sur le millier de missiles qui se sont abattus au hasard sur le nord d'Israël au cours des quatre derniers jours, le général est capable de faire le détail entre les Katiouchas classiques, celles qui ont été modifiées en Iran pour accroître leur portée, les grad 1 et grad 2 « fabriqués en Syrie », et les missiles « stratégiques » Fajura 3 (calibre 240 mm, 45 kilomètres de portée) et Fajura 5 (330 mm, 75 kilomètres de portée), « manufacturés en Iran ».

40

Les objectifs de l'opération en cours sont clairs : « Le désarmement du Hezbollah, le déploiement de l'armée libanaise régulière à la frontière, la libération de nos deux soldats enlevés mercredi. » Autant le général reconnaît que des commandos opèrent par intermittence sur le territoire libanais, autant il exclut pour le moment toute invasion terrestre.

Lorsque je l'interroge sur les pertes civiles au sein de la population libanaise, la réponse fuse : « Israël est un Etat moral. Son armée ne s'en prend jamais directement aux populations civiles. Notre difficulté tient à ce que le Hezbollah dissimule volontairement ses forces au sein de la population. Nous aurions les moyens de plonger le Liban dans le noir, de le priver d'eau, de l'affamer : nous ne l'avons pas fait ! »

Optimisme gouvernemental et militaire

Une semaine après le début de la guerre, le gouvernement de Jérusalem se retrouve dans une position qu'il estime à maints égards avantageuse. Un sondage effectué le 18 juillet montre que 86 % de la population israélienne approuve les opérations aériennes et navales de Tsahal dirigées contre le territoire libanais. La très grande majorité des Israéliens ne juge pas disproportionnée la réaction de son gouvernement. Les Israéliens, divisés sur la stratégie à adopter envers les Palestiniens de Gaza ou de Cisjordanie, sont unanimes à estimer que la menace que fait peser le Hezbollah sur le nord de l'Etat juif doit être éliminée une fois pour toutes.

Sur le plan international, le Premier ministre peut estimer qu'il a reçu un feu vert du grand allié américain pour, au cours des cinq prochains jours, « finir le travail » entamé contre le Hezbollah. L'état-major se dit rassuré par la mise hors service de quelques six mille missiles adverses, venus alimenter le Hezbollah par des vols en provenance de Téhéran et de Damas, les deux capitales parrainant militairement, financièrement et politiquement la milice chiite.

Le gouvernement israélien s'inquiète peu des critiques qui ont été formulées par l'Union européenne – et en premier lieu par la France –, quant au caractère disproportionné de sa réaction militaire. Il sait en effet que ses objectifs stratégiques – démantèlement de la milice armée du Hezbollah et déploiement de l'armée libanaise sur sa frontière sud – figurent en toutes lettres dans la résolution 1559 du Conseil de sécurité de l'Onu, adoptée à l'initiative conjointe des Etats-Unis et de la France. Par ailleurs, la communauté internationale tout entière a appelé le Hezbollah à relâcher les deux soldats israéliens enlevés.

En mai 2000, le Premier ministre Ehud Barak avait décidé de retirer unilatéralement les troupes israéliennes de la « zone de sécurité » qu'elles occupaient au Sud-Liban. Cette opération avait été prise pour un aveu de faiblesse par le Hezbollah, qui avait aussitôt crié victoire. Six jours après le retrait israélien, le Hezbollah avait tenu un immense meeting dans la ville

« libérée » de Bint Jbail, auquel j'avais assisté. Dans un discours très structuré, Hassan Nasrallah avait tiré les conclusions suivantes : sa milice avait montré au monde arabe que l'armée israélienne n'était pas invincible ; les Palestiniens devaient renoncer au « leurre » du processus de paix et reprendre la lutte armée contre un pays auquel son mouvement ne reconnaissait pas le droit à l'existence. Au mois de septembre suivant, celle-ci reprenait effectivement, après qu'Ariel Sharon (alors leader de l'opposition) eut fait une visite jugée provocatrice sur l'Esplanade des Mosquées de Jérusalem.

Six années durant, le Hezbollah multiplia les actions de harcèlement contre les gardes-frontière israéliens, en s'abstenant toutefois de pénétrer en territoire israélien proprement dit, jusqu'à ce funeste 12 juillet 2006. La stratégie israélienne fut de ne pas répondre à ces provocations, dans l'espoir que la communauté internationale et le gouvernement libanais parviendraient à démanteler la milice islamiste. Une fois n'est pas coutume, le gouvernement de Jérusalem avait décidé, sur ce dossier, de jouer à fond la légalité internationale.

Le retrait du Liban, en mars 2005, de l'armée syrienne, opéré en raison de l'exceptionnelle pression internationale consécutive à l'assassinat de l'ancien Premier ministre Rafiq Hariri, constitua un espoir vite déçu pour le gouvernement israélien. Rapidement, il apparut que la Syrie souhaitait conserver le Hezbollah en l'état. Pour Damas, la milice chiite avait l'avantage de maintenir une pression militaire contre l'ennemi israélien, tout en préservant le territoire syrien de représailles : l'affrontement idéal, par procuration.

Lorsqu'il se réunit le mercredi 12 juillet au soir, le cabinet israélien de crise prit une décision stratégique irrévocable : ce petit jeu devait cesser. Mais une semaine après le début des hostilités, Israël n'est pas prêt à envahir le Liban par voie terrestre pour détruire le Hezbollah. L'invasion de juin 1982 (décidée par le ministre de la Défense de l'époque Ariel Sharon) a laissé trop de mauvais souvenirs dans la population et l'armée israélienne. Presque autant de soldats israéliens sont morts au Liban entre juin 1982 et mai 2000 que pendant la guerre du Kippour, de sinistre mémoire. Tsahal, qui est une armée de conscription, est mal préparée moralement et psychologiquement à livrer une sale guerre contre la guérilla du Hezbollah, milice noyée au sein d'une très nombreuse population civile.

« Il se trouve que nous avons tiré les leçons de nos opérations au Liban de 1982 à 2000, ainsi que de la situation dans laquelle se trouve actuellement l'armée américaine en Irak », m'explique, le 19 juillet, le général Shlomo Brom, qui a fait toute sa carrière dans le renseignement militaire, et qui est aujourd'hui chercheur au célèbre Jaffee Center for Strategic Studies de l'université de Tel-Aviv. « Dans ce genre de conflit asymétrique, l'invasion proprement dite ne pose guère de difficultés militaires. Mais la question que tout gouvernement doit se poser avant de décider d'une invasion terrestre est : et que fait-on après ? »

De son invasion du Liban de 1982, Israël a retenu la leçon suivante : une puissance démocratique se livrant à une invasion terrestre ne peut que perdre progressivement sa légitimité sur trois plans. Internationalement, elle est rapidement condamnée comme « puissance occupante ». Sur le plan intérieur, dès les premières bavures commises à l'encontre des populations civiles occupées, une fraction de ses citoyens en vient à dénoncer la légitimité de cette « sale guerre » commise en leur nom. Enfin, l'invasion militaire ne tarde jamais à perdre toute légitimité auprès des populations occupées. En juin 1982, les chars de Tsahal furent accueillis avec des fleurs par les habitants des villages chiites du Sud-Liban, ravis de se débarrasser des milices palestiniennes de l'OLP, alors toutes-puissantes dans le Pays du Cèdre. Mais, bientôt instrumentalisés par le mouvement Hezbollah, ils ne tardèrent pas à se retourner contre l'envahisseur israélien.

De nombreux généraux considèrent que la création, entre 1996 et 2000, d'une zone de sécurité israélienne au Sud-Liban (espace compris entre la frontière internationalement reconnue et la rivière libanaise Litani) fut une erreur stratégique : « Cela n'a pas empêché les tirs de roquettes sur nos villages du nord et cela a créé une situation coloniale, qui a procuré au Hezbollah une forte légitimité, à la fois au Liban et à l'étranger », me fait remarquer le général Brom.

En attaquant massivement, par air et par mer, le territoire libanais, Tsahal a voulu rompre un *statu quo* qui lui semblait trop favorable au Hezbollah. « Bras armé de la Syrie et de l'Iran, la milice islamiste voulait maintenir un conflit de basse intensité contre nous, en saisissant tous les prétextes, comme la zone des fermes de Chebaa, ou la libération de tous les prisonniers libanais. Comme ils sont allés trop loin dans ce petit jeu, nous avons décidé d'y mettre fin », commente froidement le général. A la lisière du plateau du Golan, la zone des fermes de Chebaa relève en réalité du territoire syrien, selon les cartographes de l'Onu. En ce qui concerne les prisonniers Israël ne détient, ce 19 juillet, encore dans ses prisons que trois citoyens libanais, dont le fameux Samir Kuntar, responsable de l'assassinat, sur une plage de Nahariya, d'une famille de baigneurs israéliens.

« Mais nous n'allons pas pour autant entrer dans le jeu qu'aimerait nous voir jouer Nasrallah, à savoir la réoccupation du Sud-Liban, laquelle redonnerait immédiatement au Hezbollah une légitimité de mouvement de résistance nationale », poursuit Shlomo Brom. Les actions terrestres de Tsahal, estime alors le général, se limiteront donc à des incursions, comme celles qui ont eu lieu le 18 juillet au matin : des unités du génie israélien, protégées par des troupes d'élite, ont procédé à la destruction des nombreux bunkers que la milice chiite a construits le long de la frontière depuis mai 2000.

Sur le plan international, le gouvernement israélien a modifié sa position, traditionnellement hostile à toute force d'interposition onusienne, considérée comme inefficace contre les ennemis d'Israël et comme limitant sa marge de manœuvre sur le terrain. Le principe d'une force internationale qui se déploierait entre la frontière et le Litani est désormais préféré à celui du seul déploiement de l'armée libanaise, jugée par l'Etat hébreu trop proche du Hezbollah et moins fiable qu'un contingent de troupes occidentales. Une semaine après le début des hostilités, Jérusalem espère encore beaucoup des pressions diplomatiques qui pourraient être effectuées sur la Syrie et l'Iran par la communauté internationale. Israël compte aussi sur les pressions discrètes que ne manqueront pas d'exercer sur le Hezbollah les représentants des communautés libanaises chrétienne, sunnite et druze.

Israël sait désormais qu'un démantèlement total du Hezbollah militaire est un objectif inatteignable. Le déploiement de l'armée libanaise sur la frontière sud, le retrait du Hezbollah au nord du fleuve Litani, l'arrêt total de ses tirs de roquettes : voilà les réalisations qui suffiraient au gouvernement israélien pour mettre un terme à son opération. Le problème est que, de l'autre côté de la frontière, le Hezbollah n'a aucunement l'intention d'accepter ce qui serait interprété par la rue arabe comme une défaite.

Lorsque Israël se demande si le Hezbollah n'a pas gardé des armes secrètes en réserve

Dix jours après le début du conflit, les stratèges israéliens se demandent pourquoi le Hezbollah n'utilise pas les missiles Zelzal à longue portée (plus de 200 kilomètres) que l'Iran lui a livrés continûment au cours des dernières années. Le Zelzal (qui signifie en arabe « tremblement de terre ») est un missile porté sur camion. C'est un missile tactique à carburant solide : il peut être tiré très rapidement car il ne nécessite pas de phase de préparation comme les missiles à carburant liquide, lesquels doivent être alimentés juste avant leur lancement. A la différence des roquettes Katiouchas ou Grad, qui sont tirées après un simple calcul trigonométrique de trajectoire, les missiles Zelzal disposent d'un système de guidage intégré. Certes celui-ci est fruste, fondé sur une centrale à inertie de conception ancienne, alors que les missiles de fabrication occidentale sont guidés par satellite. Il n'en demeure pas moins que ces missiles Zelzal pourraient très bien, un jour, atteindre Tel-Aviv, la capitale économique de l'Etat d'Israël.

Le septième jour du conflit, un bombardement aérien israélien a touché un camion porteur de Zelzal, alors qu'il quittait son lieu d'entrepôt camouflé dans une zone située au sud de Beyrouth. La chaleur dégagée par l'explosion a fait partir le missile vers le ciel, qui s'est peu après écrasé en territoire libanais. L'état-major de Tsahal s'est demandé pourquoi le Hezbollah, qui sait que le territoire libanais est en permanence observé par ses satellites espions, avait pris le risque d'organiser un tel transport en plein jour. Est-ce parce qu'il ne jugeait plus sûr son lieu de stockage ou bien souhaitait-il le transférer au plus tôt vers le sud, là où sa portée lui aurait permis de menacer Tel-Aviv ?

A tort ou à raison, les stratèges israéliens estiment que l'Iran n'a pas encore donné son feu vert à l'utilisation des Zelzal, gardés en réserve pour le cas où Israël envisagerait de bombarder l'usine iranienne d'enrichissement d'uranium de Natanz. Ils pensent également que Nasrallah aurait préféré conserver la basse intensité du conflit l'opposant à Israël depuis mai 2000. Ne pouvant rester sans réagir face à une offensive aérienne de grande envergure, Nasrallah aurait adopté une stratégie décalée de « surprises » médiatiques (un jour, l'attaque d'une corvette israélienne, un autre, une apparition à la télévision après la destruction d'un bunker où il était censé résider, etc.), lui permettant d'apparaître, aux yeux de la rue arabe, victorieux à intervalles réguliers.

Mais les officiers de renseignements de Tsahal qui me briefent le 21 juillet dans un hôtel anonyme de Netanya n'excluent pas l'hypothèse que Nasrallah ordonne des tirs de Zelzal sur Tel-Aviv, le jour où il sentirait sa milice proche de l'anéantissement. Le calcul du leader chiite serait alors le suivant : que la population israélienne fasse pression sur son gouvernement pour négocier un cessez-le-feu immédiat. Cela prouve deux choses : dix jours après le début du conflit, les autorités israéliennes ne savent toujours rien de la stratégie du Hezbollah. Leurs services de renseignements n'ont jamais réussi à infiltrer la milice islamiste. Et ces officiers, sentant que les opérations militaires aériennes piétinent, commencent à redouter que leurs autorités politiques abandonnent leur fermeté initiale...

Voyage dans l'extrême nord d'Israël

Lorsque, le 23 juillet au matin, je monte vers la frontière israélo-libanaise, à travers les vignes, les vergers et les forêts de pins des magnifiques collines du nord de la Galilée, je ne découvre la guerre que très progressivement, par indices successifs.

A l'exception d'un convoi de cinq gigantesques camions porteurs de chars revenant à vide du front, je ne croise d'abord pas le moindre véhicule sur les routes en lacet de cette région normalement vouée au tourisme vert. Ensuite, viennent les sons, orchestrés dans la plus imprévisible des symphonies : hurlement lancinant des sirènes avertissant les bourgades d'une attaque de Katiouchas, suivi, moins d'une minute plus tard, du bruit sourd d'explosions éparses ; ronronnement ininterrompu, dans le ciel, des drones d'observation de Tsahal ; son régulier du canon des artilleurs israéliens

53

pilonnant, de l'arrière, à coups d'obus de 155 mm, les positons retranchées du Hezbollah.

A l'approche du village d'Avivim, situé sur la frontière, le paysage change abruptement d'aspect. Cultures partiellement brûlées, chaussée envahie d'éclats et de débris : la zone a visiblement subi une pluie de roquettes Katiouchas. Avivim est un *moshav* (village dont seules les installations agricoles sont collectives, à la différence du kibboutz, où même l'habitat est collectif). Sa grille d'entrée est gardée par un jeune conscrit : il nous l'ouvre, à mon ami italien Gigi Riva et moi, sur présentation de nos cartes de presse. Le village, mélange d'architecture pavillonnaire et d'imitation de fermes comtoises, a été déserté par sa population. Du linge pend encore dans les jardins abandonnés, indice d'une évacuation précipitée.

Passé un dos d'âne, la route s'arrête de monter et je découvre soudain, face à nous, une montagne pelée, qui s'étend tout en largeur, comme un gigantesque écran de cinéma. Surprise, sur cet écran naturel, il se passe une quantité de choses. Des volutes de fumée s'élèvent continûment de la crête, où l'on devine les silhouettes des immeubles d'un village. A mi-pente, on remarque une colonne de quatre blindés israéliens ayant arrêté sa progression. Sur les pistes menant au village sur son flanc ouest et sur son flanc est, on observe également des colonnes de chars arrêtés.

Je me renseigne auprès d'un cameraman israélien d'APTN qui, juché sur le toit d'une maison abandonnée, filme la scène de guerre en direct. Grâce à sa camionnette de transmission, surmontée d'une large antenne satellitaire, qu'il a garée en contrebas, il envoie ses images au monde entier. Le village libanais qu'attaquent les blindés de Tsahal, dans cette classique manœuvre en forme de pince, s'appelle Maroun al-Ras. C'est là que, jeudi 21 juillet, le Hezbollah a tué, dans une embuscade, cinq soldats israéliens venus détruire ses bunkers.

Les blindés israéliens ont stoppé leur progression, par peur d'une nouvelle embuscade du Hezbollah, qui dispose de missiles antichars filoguidés Sagger de conception soviétique (l'équivalent des missiles français Milan).

Les champignons de poussière qui s'élèvent du village bombardé sont de deux tailles : énormes lorsqu'ils signalent l'explosion d'un missile air-sol tiré d'un chasseur-bombardier F-16 (volutes d'une hauteur comparable à celle du premier étage de la tour Eiffel), moyens lorsqu'ils résultent des tirs des obusiers de 155 mm déployés à l'arrière. Israël, pour qui la vie d'un seul de ses soldats est sacrée, n'a pas l'intention de perdre un homme supplémentaire pour la capture et le nettoyage du village de Maroun al-Ras. Tsahal prend donc tout son temps, comptant sur l'efficacité de son déluge de feu, déclenché de l'arrière.

Puis, sans que l'on puisse se l'expliquer, le silence revient. On réentend le chant des cigales, on hume à nouveau l'odeur des figuiers, on se laisse caresser par l'air délicieux de la montagne. Pour peu, on se croirait dans un village désert de l'arrière-pays niçois. Gigi et moi nous nous sommes mis à l'ombre d'un jardin abandonné, pour prendre quelques notes et nous reposer. Soudain, nous sommes réveillés par un sifflement ressemblant à un départ de feu d'artifice, suivi deux secondes plus tard d'une explosion secouant l'air et le sol. Une Katioucha vient de tomber à cent mètres de notre position, bientôt suivie d'une deuxième salve. Les combattants du Hezbollah sont coriaces, qui montrent que le feu à distance ne les fait ni fuir, ni capituler. Les miliciens islamistes sont visiblement passés maîtres dans l'art de se camoufler et de tirer leurs armes à l'improviste. Dans ce conflit où les succès strictement tactiques comptent beaucoup moins que les gains psychologiques ou média-tiques, le Hezbollah a indéniablement réussi à marquer des points en Galilée. Ce jour-là, Safed, où je m'étais rendu quelques jours plutôt, a des allures de ville fantôme, bien que nous soyons à 20 kilomètres du front.

Enfin, le long de la rue Jabotinski, nous croi-sons trois hommes discutant, à l'entrée de leur immeuble, des points d'impact probables des Katiouchas venant de tomber sur la ville. Leurs épouses se tiennent en retrait. Sur les 42 familles de l'immeuble, ces trois couples sont les seuls à être restés. Tous les enfants ont été évacués sur Tel-Aviv ou Jérusalem, après que, le deuxième jour de la guerre, un cycliste de 33 ans eut été mortellement fauché par des éclats de roquette.

L'une des trois épouses est une institutrice, mère de deux fils vivant à Jérusalem, dont elle attend la mobilisation d'un jour à l'autre. Tova Rudik est née ici en 1949, après l'arrivée de ses parents, des Juifs roumains ayant survécu à la Shoah. Au début de 1948, son père participe à la guerre d'indépendance. « C'était un opti-miste, il m'avait prédit que je finirais ma vie dans un Israël en paix avec tous ses voisins. Il ne pouvait sans doute pas imaginer que le Liban serait pris en otage par un mouvement religieux chiite », confie-t-elle, en offrant le café turc au visiteur français inattendu. « Le gouvernement a raison. Israël doit se débarrasser une fois pour toutes du Hezbollah, dans son intérêt, comme dans celui du Liban ! » Lorsqu'on lui fait remarquer l'ampleur des pertes humaines et matérielles subies par le Liban, Tova répond, avec cette bonne conscience très répandue dans la population israélienne : « Israël est un pays plus moral que les autres. Il appelle les populations civiles à dégager avant tout bombardement. Nous regrettons tous ces enfants tués au Liban. Mais, que voulez-vous, le Hezbollah et l'Iran veulent la mort d'Israël. Si Paris était attaqué par des tirs de roquettes, vous ne vous défendriez pas ? »

En sortant de chez Tova, après avoir traversé une aire de jeux d'enfants désertée, on tombe sur un vaste palais ancien, ayant des allures de couvent fortifié, le « Wolfson Community Center ». La porte en est ouverte, comme pour permettre à d'improbables badauds de se réfugier sous ses lourdes arcades, en cas d'attaques de Katiouchas. C'est l'ancien sérail de Safed, édifié en 1889 par les Ottomans pour y abriter le siège de leur gouvernement provincial. Il a été restauré par un mécène britannique, sir Isaac Wolfson. Une plaque indique que, lors des émeutes antisionistes de 1929, « les autorités britanniques regroupèrent tous les Juifs dans la cour du sérail pour les "protéger" des Arabes qui, tranquillement, purent piller les quartiers juifs ». En 1948, le sérail servit de centre de recrutement et de prestation de serment pour les premiers soldats de Tsahal. C'est ici même que Milo Rudik, le père de Tova, s'est engagé pour défendre le jeune Etat attaqué par ses voisins arabes. La plaque indique que le sérail a ensuite été transformé en maison de retraite pour les immigrants infirmes, survivants de la Shoah. En Israël, l'histoire est partout présente, qui rappelle à ses citoyens que la survie de leur Etat n'est pas une chose qui va de soi, et qu'elle ne repose qu'entre leurs mains.

Les ruelles du vieux quartier arabe du port de Saint-Jean-d'Acre, serpentant le long des murailles édifiées par les croisés, n'ont pas vu un seul touriste depuis douze jours. Mais, le soir, les cafés sont à moitié pleins de messieurs jouant aux dominos ou fumant calmement leur narguilé. On se croirait au Caire, très loin de la guerre. La ville arabe a été épargnée par les tirs du Hezbollah et seulement une poignée de

Katiouchas a touché les quartiers modernes de la périphérie, très majoritairement juifs. Saint-Jean-d'Acre vit au ralenti, avec des sentiments ambivalents. « Je suis pour la paix et la coexistence de toutes les religions », confie Sadoun le pêcheur, qui s'obstine à sortir en mer tous les matins, d'où il voit parfois les missiles du Hezbollah traverser la grande baie, pour s'abattre ensuite sur la ville d'Haïfa. Sadoun accumule les poissons dans ses réfrigérateurs, car il n'y a plus un restaurant pour les lui acheter. « Imaginez la prospérité que nous aurions tous sur cette terre bénie si les armes arrêtaient de parler ! »

Ibrahim, l'électricien du quartier, tient des propos plus radicaux : « Ne comptez pas sur moi pour condamner Nasrallah, qui rend aux Arabes leur dignité. Les Juifs sont des gens qui vous volent votre maison et qui ensuite vous disent qu'ils sont prêts à négocier pour vous en rendre une pièce. Tant que les territoires occupés en 1967 ne seront pas rendus, il n'y aura jamais de paix dans cette région ! » Les Arabes israéliens de Saint-Jean-d'Acre sont les fils des Palestiniens qui n'ont pas fui de chez eux lors de la guerre israélo-arabe de 1948. Ils jouissent de tous les droits formels des Israéliens – dont la liberté d'expression –, mais ils sont dispensés automatiquement de service militaire.

Il faudra attendre la fin de la soirée, pour que la radio israélienne annonce la prise de Maroun Ras. Le fait qu'il ait fallu trois jours à Tsahal pour conquérir un simple village frontalier montre à quel point la campagne israélienne de nettoyage du Sud-Liban – fondée sur des incursions mécanisées prolongées – risque d'être longue et douloureuse. Aux Israéliens, la guerre de 1967 semble désormais bien lointaine.

Quand les Américains
donnent du temps à Israël

Dans la diplomatie moderne, lorsqu'elle est pratiquée au sommet, il y a toujours un temps pour la gesticulation médiatique et un autre pour la négociation politique, sérieuse et secrète. La visite que Condoleezza Rice, secrétaire d'Etat américain, commence le 24 juillet au soir en Israël, entre dans la première catégorie.

La responsable de la diplomatie américaine n'a aucunement l'intention de faire pression sur le gouvernement de Jérusalem pour obtenir la fin des opérations militaires sur le territoire libanais. « Israël a le droit de se défendre », n'a cessé de répéter le président Bush au cours des deux précédentes semaines. Les Etats-Unis, qui qualifient officiellement le Hezbollah d'organisation terroriste, considèrent que l'opération de nettoyage des bases de la milice islamiste chiite au Sud-Liban participe de leur « *global war on terror* » (guerre au terrorisme). Les Américains n'ont pas oublié l'attentat organisé par le Hezbollah en 1983, à Beyrouth, contre la caserne où résidaient les Marines de la force multinationale (241 morts). Un attentat similaire visant le contingent français avait fait 58 morts.

Avec cette guerre, Israël a changé de statut dans le grand jeu diplomatique américain. L'Etat juif n'est plus, comme naguère, l'allié caché des Etats-Unis au Moyen-Orient. Pendant la première guerre du Golfe (août 1990-février 1991), Washington avait demandé – et obtenu – d'Israël qu'il se tienne à l'écart du conflit. L'invasion du Koweït par l'Irak était, aux yeux des Américains, une affaire inter-arabe et qui devait le rester. L'éviction d'Israël permit à George Bush Sr d'enrôler dans sa coalition anti-irakienne à la fois les Egyptiens et les Syriens. Lorsque des Scud irakiens tombèrent sur Tel-Aviv, Israël s'abstint de réagir. Le même scénario se reproduisit lors de l'invasion de l'Irak en mars 2003. Durant toute sa préparation diplomatique, Israël se montra étrangement silencieux.

En 2006, les choses ont changé car les Américains, instruits par leur échec en Irak, ont compris qu'ils ne pouvaient plus se payer le luxe de ne pas utiliser, sur le terrain de leur « guerre au terrorisme », leurs alliés israéliens. Israël devient dès lors le partenaire privilégié du grand projet bushien de construction d'un « nouveau Moyen-Orient » démocratique.

Mais comme il faut bien que la Secrétaire d'Etat américaine, en dehors de réitérer son soutien, parle de quelque chose de nouveau aux responsables israéliens après douze jours de conflit, elle examine avec eux les aspects « humanitaires » de la crise. Elle obtient l'acheminement de vivres et de médicaments vers la ville libanaise de Tyr, qui se trouve dans un état virtuel de siège, en raison du blocus naval et des bombardements continus de Tsahal sur les routes menant au Sud-Liban. Elle demande également un assouplissement du blocus naval, afin de permettre à un plus grand nombre de résidents au Pays du Cèdre (qu'ils soient libanais ou étrangers) de voyager vers Chypre par la mer.

Le Premier ministre israélien Ehud Olmert, qui rencontre la Secrétaire d'Etat américaine dans la matinée du mardi 25 juillet, lui répète – c'est-à-dire à l'intention des journalistes qui entourent la visite de Condi Rice – la position de son pays : Israël poursuit exactement le même objectif que la communauté internationale (tel qu'il est consigné dans la résolution 1559 du Conseil de sécurité de l'Onu, à savoir le démantèlement de la milice armée du Hezbollah. Au ministre français des Affaires étrangères, qui lui faisait observer, trois jours auparavant, que c'était le Liban que Tsahal détruisait avant tout, Ehud Olmert avait subtilement rétorqué : « Notre dilemme est le suivant : détruire le Hezbollah, sans détruire le gouvernement libanais, dont le Hezbollah est membre. Vous avouerez que ce n'est pas simple ! »

Israël mobilise ses réservistes

Confronté à un Hezbollah dont il avait gravement sous-estimé la combativité, l'état-major israélien, le 26 juillet 2006, révise à la baisse ses ambitions stratégiques, et à la hausse l'effort de guerre demandé à la nation. A la demande expresse de l'état-major, le cabinet de crise israélien (composé, autour du Premier ministre, des sept ministres les plus importants) autorise le 27 juillet la mobilisation de nouvelles unités appartenant au cadre de réserve. Ce rappel de quelque vingt-cinq mille réservistes s'ajoute aux dix mille réservistes déjà mobilisés.

Si elle a détruit un grand nombre d'infrastructures libanaises, la campagne de bombardements aériens de Tsahal s'est montrée incapable de réduire la capacité de la milice islamiste chiite à arroser de roquettes le nord du territoire d'Israël. Le 27 juillet dans l'après-midi, c'est une usine de produits chimiques de Kyriat Shimona qui brûle, après avoir été touchée par une salve de Katiouchas. Le même jour, la nouvelle de la perte de cinq soldats et trois officiers, dans la bataille pour le contrôle de la bourgade libanaise de Bint Jbail, a un immense retentissement en Israël, où l'opinion publique commence à se demander si l'armée ne s'est pas jetée tête baissée dans le piège tendu par Nasrallah. « Les chefs de notre armée nous ont raconté pendant des années qu'elle ne devait être jugée qu'à l'aune de ses résultats. Pour le moment, ces derniers sont particulièrement décevants », écrit Yossi Sarid, l'éditorialiste de *Haaretz*, le quotidien israélien de référence.

A Bint Jbail, l'armée israélienne a compris à ses dépens quelle était la stratégie de la guérilla islamiste. « La force du Hezbollah, c'est qu'il n'a pas d'objectifs de terrain », m'explique, sous couvert de l'anonymat, un officier supérieur israélien. « Le Hezbollah ne s'accroche jamais au terrain. Son but n'est pas de défendre, coûte que coûte, telle ou telle parcelle de territoire libanais. Son but est de tuer le plus de soldats israéliens possible, afin d'accroître son prestige dans le monde arabe. Pour cela, il a su rester très mobile, attaquant toujours là où on ne l'attend pas. »

Ses embuscades sont toujours soigneusement préparées. Le schéma classique en est le suivant :

on accroche et on fixe une unité de tête israélienne, jusqu'à ce qu'elle fasse appel à un ren-
forcement mécanisé. Mais les miliciens du
Hezbollah ont préalablement balisé et piégé
toutes les voies d'accès. Les blindés arrivant en
renfort sont alors détruits par une mine déclen-
chée à distance et camouflée sous la chaussée, ou
par un tir de missiles filoguidé de type Sagger,
effectué à partir d'un immeuble d'habitation.

Un autre facteur explique les succès militaires
du Hezbollah en ce début de troisième semaine
de guerre. Ses combattants, qui connaissent le
terrain ruelle par ruelle, talweg par talweg, et
qui se sont préparés depuis six ans, sont galva-
nisés par l'enthousiasme qu'ils ont provoqué
dans les rues des capitales arabes. En face d'eux,
les jeunes soldats des unités d'élite engagées
– parachutistes et Golani – n'ont qu'une très
faible expérience militaire, acquise dans les
combats sporadiques de la bande de Gaza.

Traumatisés par le revers subi à Bint Jbail, les
officiers de l'armée de terre réclament alors de
l'état-major un accroissement des appuis aériens
aux incursions mécanisés. Le cabinet de crise en
accepte le principe. L'idée est de balayer à
l'avance, par un déluge de feu venu du ciel,
les voies de progression assignées aux unités

mécanisées. C'est la méthode employée par l'armée américaine en Irak dans la bataille de Falloudja : tout immeuble suspect doit pouvoir être rasé préalablement à la progression des chars et des fantassins. Le risque est de voir les miliciens du Hezbollah s'exfiltrer à la faveur de la nuit, pour reprendre ensuite le combat ailleurs, comme ce fut le cas dans le célèbre « triangle sunnite » irakien...

Le 12 juillet, juste après l'enlèvement des deux soldats israéliens à la frontière, Dan Halutz, le chef d'état-major de Tsahal, avait promis une guerre dure mais courte. Tous les Israéliens, qu'ils soient civils ou militaires, savent désormais que le général s'est lourdement trompé.

« Que la France finisse son travail »

Le 26 juillet 2006 se tient, à Rome, une conférence internationale sur la crise libanaise, à
laquelle Israël n'a pas souhaité participer. La
Conférence réunit les Etats-Unis, la Russie, et les
grands pays européens et arabes. La Conférence
entérine l'idée d'une force internationale qui se
déploierait au Sud-Liban avec un mandat précis
de l'Onu, mais les participants ne parviennent
pas à se mettre d'accord sur un cessez-le-feu
immédiat. Reflétant la position israélienne, la
délégation américaine insiste sur la nécessité
d'une solution « viable et durable », laquelle sup-
poserait un retrait préalable du Hezbollah du
Sud-Liban.

Le lendemain, j'interviewe à ce sujet Tzipi Livni,
la ministre israélienne des Affaires étrangères.

— Etes-vous déçue par les résultats de
la Conférence internationale de Rome, où

aucun accord politique n'a été trouvé pour ramener la paix au Liban, et où les Européens, en désaccord avec la position américano-israélienne, ont en vain réclamé un cessez-le-feu immédiat ?

— Non. Je préfère voir le bon côté des choses. La Conférence a rappelé la nécessité d'une application pleine et entière de la résolution 1559 du Conseil de sécurité de l'Onu, qui prévoit le démantèlement de la milice armée du Hezbollah. Elle a également endossé les passages du communiqué final du sommet du G 8 de Saint-Pétersbourg consacrés à la crise, à savoir l'appel à la libération immédiate des deux soldats israéliens enlevés le 12 juillet et à la cessation des tirs de roquettes par le Hezbollah contre les villes israéliennes. Pour nous, diplomatiquement, c'est quelque chose de très important. Par ailleurs, la Conférence a endossé le principe de la création de corridors humanitaires. L'idée de ces corridors est venue du président Chirac dès le début de la guerre. Nous l'acceptons car nous ne faisons la guerre ni au Liban, ni son gouvernement, ni à sa population civile. Nous ne faisons la guerre qu'au Hezbollah, qui a attaqué notre territoire le 12 juillet sans la moindre provocation de notre part. Le

Hezbollah est un mouvement, représenté au parlement libanais, qui prétend agir dans l'intérêt du Liban tout entier. Pourquoi nous a-t-il attaqués alors que, depuis le retrait de notre armée du Sud-Liban en mai 2000, l'Onu a constaté officiellement qu'Israël n'occupait plus la moindre parcelle de territoire libanais ?

— Etes-vous favorable ou opposée au déploiement d'une force internationale au Sud-Liban ?

— De manière générale, Israël préfère toujours se défendre lui-même. Mais, dans le cas de ce conflit à la frontière israélo-libanaise, nous voyons clairement se dessiner deux axes opposés. Le premier axe, qui est constitué d'Israël, de la communauté internationale et du gouvernement libanais, souhaite ouvertement le maintien de la paix à la frontière et l'application de la résolution 1559 de l'Onu exigeant le retrait de toutes les forces extérieures au Liban et le démantèlement de toutes les milices. Soumise à une pression sans précédent de la communauté internationale et de la population libanaise – scandalisées par l'assassinat de l'ancien Premier ministre Rafiq Hariri –, l'armée syrienne s'est retirée du Liban en mars 2005.

Le deuxième axe est constitué du Hezbollah, de l'Iran et de la Syrie. C'est un axe qui véhicule une idéologie islamiste de haine, qui ne veut pas de paix au Proche-Orient, qui ne reconnaît pas le droit à l'existence d'Israël, et qui cherche à s'ingérer dans les relations israélo-palestiniennes pour faire échouer la feuille de route approuvée par la communauté internationale.

Comme le gouvernement libanais et son armée sont trop faibles pour désarmer le Hezbollah et prendre le contrôle des frontières internationales du Liban, nous sommes favorables au principe d'une force internationale qui viendrait aider le gouvernement libanais à appliquer sur le terrain la résolution 1559.

— **Les Américains ont déjà prévenu qu'ils n'enverraient pas de troupes au sol au Sud-Liban. Les Britanniques, qui ont déjà suffisamment à faire dans le sud de l'Irak, ne sont pas chauds. Pensez-vous que la France serait assez folle pour y aller toute seule ?**

— Ce n'est pas Israël qui a pris l'initiative de la résolution 1559, c'est la France. La France, pays pour lequel Israël a de l'amitié et du respect, a déjà obtenu beaucoup au Liban. S'il y a aujourd'hui au Liban un gouvernement démocratique libéré de la tutelle syrienne, c'est en grande partie grâce au soutien français lors du « printemps de velours » libanais de l'année 2005. Que la France finisse son magnifique travail au Liban en appliquant sur le terrain la résolution dont elle a eu l'initiative ! Sur le dossier libanais, Israël et la France poursuivent exactement les mêmes objectifs. La milice du Hezbollah est une plaie pour le Liban, car elle n'est en réalité que le bras armé de l'Iran au Proche-Orient. Mouvement fondé, financé, entraîné et armé par les pasdarans iraniens, le Hezbollah se moque des intérêts nationaux du Liban. Il est une marionnette, manipulée par Téhéran, dans le conflit plus général opposant le régime des ayatollahs iraniens à l'Occident. »

La difficulté est évidemment que la France n'a aucunement l'intention de se lancer dans une opération militaire où elle devrait désarmer de force le Hezbollah. La France n'est prête à envoyer des soldats qu'après qu'un accord aura été trouvé au sein du gouvernement libanais, où le Hezbollah compte deux membres...

La tragédie de Cana

Dans la nuit du 29 au 30 juillet, l'armée de l'air israélienne procède à des frappes aériennes sur la bourgade de Cana au Sud-Liban, d'où des tirs de roquettes seraient partis en direction du territoire israélien. L'une des bombes israéliennes guidées au laser touche un immeuble civil, puis provoque son effondrement. Des dizaines de civils, pour la plupart des femmes et des enfants, sont tués, coincés sous les gravats. En fin de matinée, arrivent les premiers secours, accompagnés des équipes des télévisions internationales présentes postées à Tyr. Les images de petites filles ensanglantées gisant dans les bras des secouristes font le tour du monde. Ravageuses pour la réputation d'Israël. On parle alors de plus de 50 morts civils (le chiffre exact sera 26).

La guerre aérienne à outrance pratiquée par Tsahal sur le territoire libanais depuis dix-sept jours (plus de 4 000 sorties effectuées par les chasseurs-bombardiers F-16) avait déjà fait la preuve de sa faible efficacité contre le Hezbollah : les tirs de roquettes continuent d'arroser toute la partie nord d'Israël (134 pour la seule journée du 29 juillet) ; et les combattants de la milice islamiste chiite sont toujours retranchés dans les villages libanais proches de la frontière, comme le constatent à leurs dépens les unités mécanisées israéliennes envoyées nettoyer les bunkers. Mais cette stratégie du tout-aérien se révèle, ce 30 juillet, contre-productive, en minant les efforts diplomatiques en cours de l'Amérique, principal allié d'Israël.

La nouvelle de la monstrueuse bavure aérienne israélienne sur Cana parvient à Condoleezza Rice au moment même où la Secrétaire d'Etat américaine est, à Jérusalem, en train de travailler avec Amir Peretz, le ministre israélien de la Défense, sur l'élaboration du projet de résolution que les Etats-Unis ont l'intention de présenter le mercredi 2 août au Conseil de sécurité de l'Onu. Condi Rice devait ensuite faire le voyage de Beyrouth, afin d'obtenir l'assentiment du gouvernement libanais de Fouad Siniora. La tragédie de Cana met par terre cette diplomatie de la navette américaine, puisque le gouvernement libanais annule aussitôt son invitation. Pour le Premier ministre libanais Fouad Siniora, il n'est désormais plus question de négocier avec les Etats-Unis, tant qu'un cessez-le-feu n'aura pas été prononcé par Israël.

« Le spectacle de ces femmes et de ces enfants mourant tous les jours est insupportable. Nous travaillons très dur pour mettre fin à cette violence. Mais il faut reconnaître que les circonstances sont particulièrement difficiles », déclare alors la Secrétaire d'Etat, visiblement ébranlée, dans une conférence de presse tenue le 30 juillet dans l'après-midi à Jérusalem. Faute de pouvoir se rendre à Beyrouth comme prévu, elle reste à Jérusalem, qu'elle quitte le lendemain, pour rejoindre directement Washington. Là, elle travaille à son projet de résolution, qui doit comprendre les phases suivantes : envoi d'une force internationale au Sud-Liban, suivi d'un cessez-le-feu, lui-même suivi d'un accord politique prévoyant le déploiement de l'armée libanaise sur sa frontière avec Israël.

Mais la responsable de la diplomatie américaine trouve en face d'elle un projet de résolution très différent, présenté par la France. La séquence proposée par Paris est en effet la suivante : d'abord le cessez-le-feu, ensuite l'obtention d'un accord politique intra-libanais prévoyant le déploiement de l'armée libanaise sur sa frontière sud, enfin seulement l'envoi sur place d'une force internationale chargée de faire respecter l'accord sur le terrain. La bavure de l'armée de l'air israélienne a involontairement renforcé, aux yeux des opinions publiques du monde entier, la position française.

Condi Rice va alors progressivement se rapprocher de la France. Pour trois raisons. Premièrement, elle estime que l'important est que les Etats-Unis et la France partagent le même objectif, à savoir le désarmement du Hezbollah et le retour de la souveraineté du gouvernement libanais sur l'ensemble de son territoire. La deuxième raison est que l'Amérique, qui n'a pas l'intention d'envoyer le moindre soldat sur le terrain, ne peut décemment pas dicter à la France – prête, elle, à dépêcher un contingent – la conduite à tenir. Troisième raison, Condi Rice veut éviter à tout prix la réitération d'une scène de ménage franco-américaine au sein du Conseil de sécurité, telle qu'on l'avait vue le 5 février 2003 lors du célèbre débat sur l'Irak.

Mais, en cette fin de mois de juillet, le gouvernement israélien ne veut toujours pas d'un cessez-le-feu immédiat, considérant que celui-ci est la seule arme diplomatique dont il dispose. Accorder à ce jour un cessez-le-feu permettrait au Hezbollah de tirer son épingle du jeu. Pour les autorités de Jérusalem, le mouvement isla- miste chiite mettrait aussitôt à profit la trêve pour se réarmer et se redéployer à la frontière, tout en faisant traîner en longueur les négocia- tions politiques avec le gouvernement libanais.

Pour tenter de justifier le bombardement aérien de Cana, l'état-major de l'armée israé- lienne m'explique, le 30 juillet dans l'après- midi, que 150 roquettes avaient été tirées par le Hezbollah à partir de cette bourgade libanaise « au cours des derniers jours ». « A plusieurs reprises, nous avons appelé la population civile de Cana à quitter la zone », me confie le général Ido Nehushtun, responsable de la planification stratégique à l'état-major. « Le Hezbollah utilise systématiquement des immeubles civils pour abriter leurs lanceurs de missiles. Ces terroristes s'abritent derrière leur propre population civile pour bombarder la nôtre. C'est une manière ignoble de faire la guerre ! », poursuit le général, dans son bureau climatisé ayant vue sur tout Tel-Aviv et qui me donne l'impression de diri- ger les opérations depuis une salle de conseil d'administration. L'état-major de Tsahal (abréviation de *Tsva Haganah Le' Israel*, littéralement « Forces de défense d'Israël) est depuis un an logé dans un magnifique gratte-ciel ultra-moderne, situé en plein centre de la capitale économique de l'Etat juif. Si l'on y croisait pas en permanence des jeunes filles (faisant leur service militaire de deux ans comme secrétaires) et des officiers en uniforme marron clair, on pourrait se croire au siège social de Toyota à Tokyo, tant l'immeuble est luxueux et fonctionnel.

Pilote de F-16 de formation, le général Nehushtun n'estime toujours pas que la guerre aérienne a montré ses limites. « Nous ne souhaitons pas envahir et tenir le Sud-Liban avec notre armée de terre, car nous serions immédiatement condamnés par la communauté internationale comme armée d'occupation. Parallèlement, nous ne pouvons pas permettre au Hezbollah de paralyser la vie économique de l'ensemble de notre région nord. L'arme aérienne a l'avantage de la flexibilité : elle nous a déjà permis de détruire de très nombreux sites de lancement. Nous avons été attaqués et nous ne faisons pas cette guerre par plaisir. Un système d'inspections internationales interdisant l'approvisionnement du Hezbollah en missiles à partir de la Syrie nous conviendrait parfaitement ! »

Les réservistes israéliens
n'ont pas encore d'états d'âme

Le 8 juillet 2006, Ran Carmeli, 33 ans, entame un voyage de noces dans les Dolomites, qui promet d'être magnifique. Installé dans un bel hôtel de la région la plus autrichienne d'Italie, il n'imagine pas une seconde qu'il va bientôt devoir vivre à la dure et dormir sous une tente surchauffée, plantée dans une carrière poussiéreuse, quelque part à l'extrême nord de son pays. Sévère début de vie de couple pour Ran, journaliste économique au quotidien *Haaretz* : à peine a-t-il déposé ses affaires, de retour d'Italie, que le téléphone sonne. C'est un *tzav shmona*, un appel de mobilisation en urgence. Le 30 juillet, il se rend au point de mobilisation de son unité, le lycée du quartier d'Hod Hasharon, d'où un bus l'emmène immédiatement vers le nord.

Pourquoi le réserviste Carmeli, qui a terminé son service il y a quelque douze ans, est-il donc mobilisé pour des opérations qui n'ont encore rien d'une guerre totale, du type de celle du Kippour ? « Chez nous, on n'est pas mobilisé en fonction de l'âge, mais en fonction des besoins. De formation militaire, je suis transmetteur. L'état-major a visiblement décidé qu'il avait besoin, pour ses incursions mécanisées au Sud-Liban, d'un renfort dans le secteur des transmissions », m'explique Ran, que la perspective de ne pas pouvoir prendre de douche pendant plusieurs jours n'a pas l'air d'enchanter.

Comme tous les Israéliens, Ran a fait un service militaire de trois ans, dès l'âge de 18 ans. Ensuite, il a effectué, chaque année, des périodes de réserve allant d'une à trois semaines, afin de ne pas perdre la main et de s'initier aux nouveaux matériels de transmission. Il n'y a pas de réelle armée d'active en Israël, pays dont tous les citoyens sont des soldats en puissance. Simplement, il y a des citoyens qui restent plus longtemps sous les drapeaux – voire toute leur vie –, en fonction des contrats militaires successifs qui leur sont proposés. Un jeune homme souhaitant devenir officier devra effectuer un service minimum de quatre ans. A l'issue de cette période, l'armée pourra lui proposer de rester encore quelques années comme capitaine, commandant d'une compagnie. Et ainsi de suite. Le général Ariel Sharon lui-même était dans la réserve lorsqu'éclata la guerre du Kippour. Mais, au vu de ses états de service antérieurs, l'état-major lui confia immédiatement le commandement d'une division blindée, avec laquelle il réussit sa fameuse percée dans le Sinaï, suivie du franchissement du canal de Suez, puis de l'encerclement de la 3ᵉ armée égyptienne.

Ran Carmeli se rend à la guerre « avec un cœur lourd, mais sans état d'âme. Avec un cœur lourd, parce qu'on voit déjà les conséquences humaines de cette guerre, comme les morts innocents de Cana. Sans état d'âme, car parfois il faut bien réagir face à une agression. Le Hezbollah, qui ne reconnaît pas le droit à l'existence d'Israël, a attaqué notre territoire sans avoir le moins du monde été provoqué ».

Pourtant, Ran est ce qu'on appelle en Israël un « *refuznik* ». Il a signé l'appel de l'organisation pacifiste Yesh Gvul invitant les réservistes à refuser de servir dans les territoires occupés. S'il avait été mobilisé pour se battre à Hébron, Naplouse ou Jénine (villes de Cisjordanie, territoire occupé par Israël après la guerre de 1967), il n'aurait pas répondu à la convocation.

« J'ai signé cet appel parce que j'estime que nous avons trop longtemps ignoré les droits fondamentaux des Palestiniens, que nous nous sommes comportés en maîtres à leur égard, et que la politique d'occupation d'Israël n'est conforme ni à ses intérêts à long terme, ni à la justice en général », me confie Ran Carmeli. « Il y a une grande différence entre les Palestiniens et le Hezbollah. Les Palestiniens se battent pour une juste cause, même s'ils emploient parfois des moyens injustifiables. Le Hezbollah n'emploie que des méthodes injustifiables, comme le tir de roquettes sur nos populations civiles, pour défendre une cause injustifiable, qui a à voir avec les intérêts de l'Iran dans la région. »

En raison du consensus existant dans la population israélienne sur la nécessité de se débarrasser de la menace du Hezbollah sur la frontière nord du pays, l'armée n'a, en cette fin du mois de juillet, aucun mal à mobiliser ses réservistes.

22 ans, jeune garçon au look branché, Eran est sans doute le meilleur barman du restaurant chic Raphaël, donnant sur une plage de Tel-Aviv. Il se fait de l'argent de poche pour se payer un tour du monde, avant d'entamer ses études supérieures. Il a passé trois ans dans les paras,

pour rendre hommage à un ami de la famille, lui-même parachutiste, tué au Sud-Liban en 1999. Entre deux mohitos, je lui demande s'il n'a pas peur de devoir partir pour le front. « Je ne me pose pas de question. Au premier coup de fil, je quitte le bar, je prends mon barda, et je rejoins mes camarades qui se battent autour de Bint Jbail ! », me répond-il en souriant, devant la clientèle internationale médusée.

La victoire se fait attendre

Ce 2 août 2006, j'ai l'impression que la guerre connaît une nouvelle escalade. Jamais, on a été aussi loin d'un cessez-le-feu. Ce sont maintenant plus de cinq brigades mécanisées à être engagées au Sud-Liban. Comme les combats se déroulent dans des villages qui sont peu éloignés de la frontière (de trois à sept kilomètres à vol d'oiseau selon les cas), les incursions ne sont réalisées que par les compagnies de combat. Toute la logistique et les structures de commandement des brigades demeurent à l'arrière, du côté israélien de la frontière. Les soldats des unités d'élite partent au combat le soir, pour revenir, épuisés, le lendemain en milieu de matinée. Les tireurs sont tous équipés de dispositifs de visée nocturne à infrarouge.

Les bulldozers du génie israélien ont tracé au moins quatre axes de pénétration allant de la frontière vers la profondeur du territoire libanais. Les chars de Tsahal préfèrent en effet ne pas utiliser les routes existantes, car le Hezbollah les a systématiquement minées. Mais l'extension des incursions terrestres israéliennes et la reprise des bombardements aériens – à l'issue des quarante-huit heures de pause observées après la tragédie de Cana – n'ont toujours pas réussi à détruire la capacité du Hezbollah à arroser de missiles le territoire nord d'Israël. Plus de 180 roquettes en tous genres sont tombées dans la seule journée du 2 août. L'une d'elle a tué un kibboutznik israélien au nord de la ville côtière de Nahariya. Une autre est tombée en Cisjordanie, après avoir effectué une trajectoire de plus de 70 kilomètres.

La guerre risque donc de durer longtemps. « Israël ne cessera le combat que le jour où se déploiera une force internationale au Sud-Liban », déclare le Premier ministre israélien, Ehud Olmert. « Faute d'une présence internationale musclée, le Hezbollah se réinstallerait à notre frontière, et nous aurions combattu en vain », ajoute-t-il. Dans une interview accordée aux caméras d'*Associated Press*, Ehud Olmert envoie un message de fermeté, adressé à son opinion publique comme au monde arabe : « Qu'on le comprenne bien, Israël n'a pas peur de se battre.

Personne ne peut intimider Israël. L'époque du bazar oriental où l'on échangeait des prisonniers est révolue. Israël est déterminé à remplir ses objectifs, qui sont conformes aux résolutions de l'Onu et aux orientations du dernier sommet du G 8, à savoir le démantèlement de la milice du Hezbollah, le contrôle de la frontière libanaise par son armée régulière, le retour inconditionnel des soldats enlevés. »

Dans la ligne d'un Israël refusant de se laisser intimider, Tsahal réalise, dans la nuit du mardi 1er août au mercredi 2 août, un raid héliporté sur la ville libanaise de Baalbek, située à plus de cent kilomètres de la frontière israélienne, mais à moins de dix kilomètres de la frontière syrienne. Depuis près d'un quart de siècle, Baalbek et la vallée de la Bekaa sont un fief du Hezbollah. Les commandos sont déposés dans un champ, non loin d'un hôpital privé, considéré par le renseignement militaire comme une base logistique du Hezbollah. Au cours des combats qui s'ensuivent (sur le lieu même de l'hôpital et sur une station-service voisine), dix militants du Hezbollah sont tués. Les Israéliens n'ont pas trouvé le commandant régional de la milice islamiste qu'ils étaient venus chercher. Mais, sans avoir subi de pertes, ils repartent avec cinq prisonniers d'un moindre rang.

On m'invite à l'état-major (situé, comme le ministère de la Défense, dans un immense compound en plein centre de Tel-Aviv) pour me montrer des images prises par les commandos – dont le casque est équipé d'une mini-caméra numérique – lors de ce raid. Aucun « patient » dans cet « hôpital », mais beaucoup d'armes dans les placards. En revanche, lorsque je demande des précisions sur l'identité et le métier des prisonniers ramenés en Israël, les officiers éludent la question. A la fin du mois d'août, Israël relâchera ces hommes, sans la moindre explication.

Ce raid, techniquement réussi mais stratégiquement inutile (il ne ramène aucune proie de choix), montre à quel point l'armée israélienne, trois semaines après le début du conflit, court après le moindre succès militaire qu'elle puisse médiatiser. Ce que les officiers de l'état-major n'osent alors pas m'avouer, c'est qu'ils ne disposent toujours d'aucun renseignement fiable sur le Hezbollah. Je comprends à ce moment-là que Tsahal s'est lancé, à l'aveugle, contre un ennemi qu'elle ne connaît plus.

Une nation en guerre

Quand, attaqué par un ennemi extérieur qui ne reconnaît pas son droit à exister, Israël fait une guerre, c'est toute la nation – et non pas seulement une caste militaire professionnelle – qui se mobilise, dans un immense élan patriotique. Cet effort collectif, où chacun aspire à participer, à la place qui est la sienne, je le ressens particulièrement ce jeudi 3 août 2006, en me rendant à nouveau dans le nord du pays. Dans les rues de la ville côtière de Nahariya, continûment arrosées par les roquettes de Katiouchas, les riverains ont accroché partout des petits drapeaux bleus frappés de l'étoile de David, comme pour montrer que, dans l'adversité, ils se sentaient plus israéliens que jamais.

A l'entrée de l'hôpital, où l'on entend les explosions des missiles qui tombent tout autour, les morts et les blessés ne cessent d'arriver, ce jeudi en fin d'après-midi. Parmi les équipes de secours, c'est à qui se précipitera pour repartir sur le terrain prêter main-forte aux victimes. « Aujourd'hui a été notre plus mauvais jour », commente froidement le Dr Moshe Daniel, chirurgien orthopédique et sous-directeur de l'hôpital. « Nous avons reçu 7 morts et 64 blessés, dont 20 graves. Mais nous sommes prêts à faire face à des événements encore plus graves : l'hôpital dispose de 700 lits. »

Les quelque 2 800 missiles en tous genres lancés par le Hezbollah contre les zones d'habitation civiles israéliennes n'ont en rien réussi à intimider la population. C'est plutôt le phénomène inverse qui s'est produit. Bien que directement touchés par la paralysie économique de leur région depuis trois semaines, les Israéliens de Galilée sont prêts à supporter une guerre aussi longue qu'il faudra pour éliminer la menace du Hezbollah pesant sur eux. « Cette fois, il faut que nous finissions le travail. Sinon, la prochaine fois, ce sera pire encore », me confie, au chevet de son beau-frère blessé, Koby, coiffeur à Nahariya. Il connaît bien le Sud-Liban, pour avoir été posté pendant deux ans à Bint Jbail, durant son service militaire. D'origine marocaine, Koby parle couramment l'arabe, ce qui lui a valu d'être affecté à une unité de « DCO », le corps chargé de traiter avec les populations civiles. « Notre plus grande erreur fut de fuir précipitamment le Liban en mai 2000. Je ne dis pas qu'il ne fallait pas partir. Mais il ne fallait pas le quitter en courant : nous avons involontairement passé un message de faiblesse, que le Hezbollah a aussitôt exploité ! »

Au kibboutz Even Menahem (la pierre de Menahem), perché sur une colline de Galilée à deux kilomètres de la frontière à vol d'oiseau, s'est installée une compagnie du génie parachutiste du cadre de réserve, qui attend l'ordre de passer de l'autre côté. Matelas étendus un peu partout sous les pins parasols, caisses de munitions entassées servant de tables de cuisine, radiocassettes diffusant de la musique latino : impression de grand désordre. Dans l'armée israélienne, seule compte la discipline des armes, m'explique-t-on. Je reste dubitatif.

Les officiers et les hommes de troupe sont mélangés, qui vivent sur un pied d'égalité. On s'embrasse, on se donne de grandes claques dans le dos, on plaisante, on ne se donne jamais du salut militaire. Ce n'est qu'au combat que la hiérarchie reprend ses droits. Là, paraît-il, chacun sait ce qu'il a à faire, et les ordres transmis par radio sont exécutés à la lettre. Mais, curieusement, les officiers que je rencontre ne sont pas capables de m'expliquer clairement les missions confiées à cette unité de réserve par l'état-major. Pour la première fois, je ressens la vague impression que le désordre régnant dans ce kibboutz n'est pas moindre que celui parasitant la chaîne de commandement.

L'ambiance est au beau fixe, parmi ces jeunes hommes qui se connaissent depuis longtemps. Aucune anxiété visible dans l'attente du combat. La compagnie reflète la société israélienne. Il y a Ron, le lieutenant au visage sage, qui, pour venir au front, a quitté du jour au lendemain son travail de gestionnaire de portefeuille dans une grande banque israélienne ainsi que sa jeune femme, puéricultrice dans un kibboutz. Il y a Bili, aux cheveux blonds lui descendant jusqu'aux épaules, chanteur de rock dans les night-clubs de Tel-Aviv. Il y a Samy, programmeur en informatique, qui rêve de monter sa propre société. Tous tiennent le même discours : « Dans la réserve, personne n'a hésité à se rendre au front. Nous faisons cette guerre pour la survie de notre pays. Le Hezbollah se moque des intérêts réels du Liban. Il est le bras armé de l'Iran, dont le président ne cesse de répéter qu'Israël devrait être rayé de la carte ! »

La magnifique route – mi-touristique, mi-stratégique – qui monte vers le kibboutz de Zarit surplombant la frontière est envahie de chars Merkava, preuve que Tsahal a l'intention d'intensifier ses incursions mécanisés au Sud-Liban. Le commandant Avi Ortam, dans le civil professeur à la faculté de droit de Tel-Aviv et avocat d'affaires spécialisé dans les fusions et acquisitions, est le chef des opérations de la brigade de réserve Alexandroni (célèbre pour ses combats au nord durant la guerre d'indépendance de 1948). La brigade est engagée sur le terrain depuis cinq jours. Jeudi, trois de ses soldats ont été tués dans le village libanais de Shihin, par un tir de missiles Sagger parti d'une villa d'habitation. Du toit en béton armé de son PC de Zarit, le commandant expose les opérations en cours : « Le Hezbollah a édifié quatre lignes de défense successives entre la frontière et le Litani. Nous avons déjà nettoyé la première, et nous sommes en train de prendre la deuxième. Nous prenons notre temps, car il y a encore quelques familles dans les villages. » Le commandant ne semble même pas lui-même convaincu par la langue de bois qu'il me tient...

Jusqu'où l'offensive de Tsahal se poursuivra-t-elle ? « Vous vous trompez d'interlocuteur, le

modeste officier que je suis n'en sait rien ! », me
répond le major Ortam dans un grand éclat de
rire. « Personnellement, j'aimerais que cette
guerre finisse vite, car j'ai des dossiers urgents à
terminer à Tel-Aviv. Mais en tant que citoyen,
j'estime qu'il nous faut purger le Sud-Liban une
bonne fois pour toutes ! »

L'armée sait que le Premier ministre peut
décider d'arrêter sa progression abruptement, le
jour où le Conseil de sécurité de l'Onu ordon-
nerait un cessez-le-feu. L'objectif de Tsahal est
désormais simple : nettoyer le plus grand espace
possible au-delà de la frontière, et en direction
du Litani. Cette bande de terrain libre de toute
présence du Hezbollah constituera une zone de
sécurité *de facto*. Israël n'en abandonnera le
contrôle que le jour où une force internationale
serait prête à s'y déployer.

Parachutiste par tradition familiale, le soldat
Zahi, fils d'un conducteur de bus de Safed, a
passé une semaine entière dans la bourgade libanaise de Bint Jbail. Il raconte l'âpreté des
combats. La maison haut perchée, que son unité
avait transformée en fortin, a été attaquée de
nuit par des miliciens du Hezbollah. « L'affrontement a duré trois heures. On se battait à la
grenade, pratiquement les yeux dans les yeux.

Lorsqu'ils ont eu deux tués et qu'ils ont compris qu'ils ne prendraient pas notre position, ils se sont brusquement esquivés. On a ensuite entendu, dans une ruelle voisine, deux voitures démarrer en trombe. Ils avaient remarquablement préparé leur exfiltration. »

Lors de la phase de nettoyage, effectuée de villa en villa, Zahi a été surpris : « Il y avait des armes partout, pas seulement dans les caves mais aussi dans les placards à balai, sous les lits des enfants, sous les éviers des cuisines. Au QG du Hezbollah, nous avons trouvé des cartes d'état-major israéliennes indiquant nos positions au-delà de la frontière, des photos de nos commandants d'unité, des manuels en anglais et en arabe sur les types d'armes détenues par l'armée israélienne : ils étaient parfaitement préparés ! »

L'ancien pilote de guerre
qui a repris le manche
pour aller combattre le feu

Dans le salon de sa villa, Aharon Berenson, 57 ans, ancien pilote de guerre, qui a repris volontairement du service pour combattre, aux commandes d'un piper, les feux déclenchés par les Katiouchas, finissait de m'exposer son nouveau travail harassant (plus de cent heures de vol, la plupart en rase-mottes, depuis le 12 juillet). Soudain, Noah, sa femme, poussa un cri. La télévision venait d'annoncer qu'une Katioucha était tombée sur le kibboutz de Kfar Gilady, tuant 9 personnes. Aharon et Noah sont tous les deux originaires du kibboutz (surnommé la « Sparte de la Galilée », en raison de sa participation héroïque à la guerre d'indépendance de 1948 et à celles qui suivirent), où leurs parents sont enterrés. On apprit plus tard que toutes les victimes (dont le nombre passa à 12) étaient des soldats réservistes, en attente de passer au Sud-Liban.

Ce lundi 7 août au matin, la sirène municipale a encore retenti à Rosh Pina, qui est un peu le Saint-Paul-de-Vence du nord de la Galilée. Le village actuel a été fondé en 1885, sur un antique site juif abandonné, par des sionistes roumains, à qui le Français Edmond de Rothschild avait acheté la terre. En hébreu, Rosh Pina signifie « pierre angulaire », allusion limpide à un célèbre proverbe de la Bible : « Les pierres abandonnées par les bâtisseurs devinrent des pierres angulaires. »

Les rares habitants à être restés ici depuis le début de la guerre sont habitués. Certains rentrent se mettre à couvert, d'autres, fatalistes, poursuivent leurs activités comme si de rien n'était. Sur la trentaine de roquettes qui sont déjà tombées sur le territoire de Rosh Pina, une seule a explosé en plein village, dans le jardin d'une petite maison, sans faire de victime. Il y avait là trois enfants, mais leurs parents avaient pris la précaution de les placer dans l'abri familial, avant de partir faire des courses.

Quinze minutes plus tôt, Rosh Pina avait été survolé par des hélicoptères. En pilote connaissant le front de Galilée comme sa poche,

Aharon avait levé les yeux au ciel, lâchant : « C'est bizarre, ces hélicoptères ici. Les Apache (appareils d'attaque) sont basés beaucoup plus à l'ouest. Il a dû se passer quelque chose ; on doit évacuer des blessés. » Mais Aharon ne pouvait encore imaginer que ce dimanche 6 août deviendrait pour Israël la journée la plus meurtrière depuis le début de la guerre.

La veille, jour de shabbat, ce fut la première fois que je « rencontrai » Aharon. Je roulais sur une route déserte montant à la citadelle de Safed et lui était dans le ciel. La campagne était en feu ; les flammes se rapprochaient dangereusement des premières villas de ce chef-lieu du nord de la Galilée. Prenant des risques inouïs dans ce relief montagneux, un petit avion jaune fonçait sur les pentes enflammées, pour les asperger d'un liquide rougeâtre. Vu du sol envahi de fumée, le spectacle de ce ballet aérien avait quelque chose de surréel.

Lorsque je demandai à mon ami peintre israélien Jim Silverman s'il connaissait la base d'où était parti l'avion, il me répondit : « Il vient de Rosh Pina. Le pilote doit être Berenson, son ancien maire. Quand il était jeune, il était pilote de Skyhawk dans l'armée ! » La dernière fois qu'Aharon avait piloté un Skyhawk, en 1987, il était déjà dans la réserve. C'est un ancien de la guerre du Kippour. Il se souvient de sa première journée, catastrophique, contre l'armada des chars syriens qui avait forcé les défenses de Tsahal et pénétré sur le plateau du Golan. « Nous avions été pris par surprise, tout était désorganisé. J'ai été touché par la DCA à ma première mission, et j'ai dû atterrir en catastrophe. J'ai aussitôt repris un autre appareil, mais nous nous sommes heurtés au barrage des missiles sol-air que les Soviétiques avaient livrés aux Syriens et aux Egyptiens. »

Aharon participa aussi au plus beau succès aérien de la guerre, qui fut, le 18 octobre 1973, l'attaque surprise, « dans le silence électronique le plus absolu », du canal de Suez par plus de cent appareils israéliens provenant de directions différentes. Ayant déjoué la surveillance radar égyptienne, l'aviation israélienne détruisit ce jour-là l'intégralité des batteries de fusées antiaériennes de l'ennemi, donnant enfin à l'Etat hébreu la supériorité aérienne qui lui avait manqué au début du conflit.

Pourquoi ce père de six enfants, déjà grand-père de cinq petits-enfants, diplômé de Harvard en administration publique, a-t-il décidé de reprendre du service au manche d'un avion ?

« Combattre le feu, c'est la plus belle manière que j'ai aujourd'hui de servir mon pays. Lorsque vous regardez Israël d'une hauteur de 30 000 pieds, le pays vous apparaît comme une grande tache verte entourée de déserts. J'appartiens à une vieille famille de sionistes kibboutzniks, venus de Lituanie avant l'Holocauste. Notre fierté est d'avoir rendu cette terre verte. Le Hezbollah ne nous la brûlera pas ! », me confie Aharon, qui n'a pas de mots assez chaleureux pour exprimer sa gratitude à la société française Biogema, productrice du liquide antifeu, qui, en plein 14 juillet, avait rouvert pour livrer une cargaison à un appareil venu en urgence d'Israël...

Avec les Golani en pays Hezbollah

Nous sommes le 8 août 2006. Le soleil se couche sur le village libanais d'Aytaroun, dominé au loin, vers l'Orient, par les pentes pelées et rougeoyantes du mont Hermon. Cheveux noirs bouclés et peau de couleur bronze, un jeune soldat de type yéménite, coiffé d'une kippa et vêtu d'un gilet pare-éclats d'où dépassent les tsit-tsit, se met à entonner seul une prière, un petit livre calligraphié en hébreu à la main. C'est la *min'ha*, la prière de l'après-midi. Soudain, un mouvement insensible saisit les garçons de cette section de combat des Golani (brigade d'élite de l'armée israélienne, dont la création remonte à la guerre d'indépendance de 1948). Tous se mettent à descendre de leurs blindés lourds, qu'ils ont, pour la nuit, rangés en cercle, comme les chariots des pionniers du Far West dans les films de John Ford. La plupart de ces jeunes, qui ont tous 19 ou 20 ans, ne sont pas des juifs religieux. Mais, ce soir, ils ont envie de suivre leur camarade dans sa prière. Formant bientôt une sorte de petit amphi-théâtre humain bordé par les hautes cuirasses des APC (véhicules de l'avant blindés, armés de mitrailleuses gouvernées de l'intérieur), les Golani clament à haute voix les répons de la prière. Seul leur chef, le lieutenant Arik (un « vieux » de 22 ans) n'est pas là, parti dans une villa de la bourgade libanaise pour participer à un briefing présidé par le commandant du bataillon (un « très vieux » de 29 ans).

Pour obéir au rituel qui veut qu'on ait la tête couverte, certains ont mis un casque lourd, d'autres un chapeau de brousse. Un grand gail-lard a posé les mains sur la tête de ses deux voisins initialement découverts. Les visages, pas rasés depuis cinq jours, sont recueillis, mais sans affectation. Nul ne prête plus la moindre atten-tion au bruit des explosions tout autour : bruit sec des « départs » des tirs des chars Merkava, alignés en contrebas derrière une muraille de terre rouge élevée au bulldozer ; bruit sourd des « arrivées », dans les champs de tabac voisins, des obus de mortier tirés par le Hezbollah depuis la périphérie de la bourgade de Bint Jbail dont on distingue les immeubles sur la hauteur ;

sifflement dans le ciel des Katiouchas volant vers le kibboutz de Malkilya, adossé à la frontière israélo-libanaise.

Lorsque je recule d'une dizaine de mètres dans la poussière de ce capharnaüm militaire pour avoir une vision d'ensemble de cette section de combat en prière, je suis saisi par l'extraordinaire variété de ses types humains. L'ashkénaze aux cheveux blonds côtoie le falacha au visage d'ébène ; le Turc sépharade aux cheveux lisses côtoie le Marocain tout bouclé.

Dans la section, le niveau d'anglais des conscrits est un bon indice de leur origine sociale : les ashkénazes venus de la bourgeoisie de Tel-Aviv le parlent beaucoup mieux que les sépharades originaires des quartiers populaires de Haïfa ou des villages du nord de la Galilée. Mais, ici, face au danger et dans un inconfort absolu, ces jeunes gens se retrouvent à la même enseigne. Entre eux, ils partagent tout : les cigarettes, les corvées de nettoyage, les boîtes de thon, la musique de leurs lecteurs MP3, les plaisanteries sur les coups de fil mensongers qu'on donne à sa mère pour la rassurer en lui disant qu'on est toujours pas passé au Liban.

L'armée en Israël – et la mort éventuelle au combat – n'est pas une affaire de riches ou de pauvres, d'ashkénazes ou de sépharades, d'intellectuels ou de manuels. C'est l'affaire de toute la nation – et le dernier melting-pot d'une société occidentale capitaliste où l'idéal socialiste des kibboutzniks des années 1950 est devenu ultraminoritaire. Ce qui unit les trente jeunes garçons de cette section de Golani c'est le choix qu'ils ont fait, à l'âge de 18 ans, de ne pas faire un « service militaire de planqué ».

Le lieutenant arrive, avec la confirmation de mauvaises nouvelles. Quatre soldats de la brigade viennent d'être tués à Bint Jbail, dans une opération de nettoyage. Nous verrons l'hélicoptère ramenant leurs corps vers l'arrière, volant en rase-mottes à l'intérieur des talwegs, pour éviter les missiles portables sol-air dont dispose la milice islamiste chiite : « Le Hezbollah est comme un serpent. Il vous glisse entre les mains, reste caché dans un trou pendant trois jours, puis vous attaque par-derrière au moment où vous ne l'attendiez plus », m'explique le lieutenant, qui sera normalement démobilisé dans quatre mois, à l'issue d'un service militaire prolongé de cinq ans.

Les moyens lourds de cette incursion israélienne mécanisée au Sud-Liban, au sein de laquelle j'ai été embarqué (avec un casque, un gilet pare-éclats, mais avec mon crayon et mon carnet en guise de fusil d'assaut) ne me paraissent guère adaptées à la guerre asymétrique que Tsahal doit livrer au Hezbollah. La puissance de feu de notre armada – 72 obus de 105 mm embarqués à bord de chacun des chars Merkava, soutien des obusiers de 155 mm à longue distance situés à l'arrière, réponse dans le quart d'heure à une demande de bombardement aérien par les chasseurs F-16 – est gigantesque. Mais le problème reste toujours le même : où diriger le feu ? Le Hezbollah, qui a creusé des tunnels partout, est passé maître dans l'art de rester invisible. Il a réussi à pousser Tsahal – dont le but premier reste de limiter au maximum les pertes humaines dans les rangs des conscrits – à adopter une prudence presque paralysante. Dans cette campagne aride où l'on perçoit tout mouvement suspect à plus d'un kilomètre de distance, les blindés israéliens ont reçu instruction de ne bouger que de nuit. « Ils sont beaucoup plus forts que vous le croyez, ces terroristes », m'explique le lieutenant Arik. « Grâce à ses missiles Tow reçus d'Iran (missiles antichars livrés par l'Amérique du temps du régime du Shah), le Hezbollah peut nous stopper un char à quatre kilomètres de distance ! »

Un seul char se met de travers dans un fossé, et voici toute notre progression arrêtée. Pas question de le laisser là seul en pleine campagne : il faut se déployer en protection autour de lui, jusqu'à ce qu'un engin vienne de l'arrière le remorquer. Tout le plan initial de la mission tombe momentanément à l'eau : il s'agissait d'encercler nuitamment un village libanais rebelle avec des blindés, dans l'espoir que le bruit des chenilles ferait sortir de leurs trous les miliciens du Hezbollah, qui seraient ensuite pris à partie par des fantassins munis de fusils équipés d'un système de vision nocturne à infrarouge.

En deux jours, Tsahal n'aura pas cessé de pilonner devant moi Bint Jbail, sans pourtant avancer d'un kilomètre. En presque un mois de guerre, Israël n'a toujours pas réussi à sécuriser entièrement une bande frontalière de six kilomètres de large, ni à interrompre les volées de Katiouchas. J'ai soudain l'impression qu'Israël court après une mouche avec un énorme marteau.

Mais, perchée sur une hauteur, une villa d'Aytaroun abrite une unité mieux préparée à la lutte antiguérilla. C'est le bataillon Saaf (nom arabe signifiant « le sabre »), entièrement composé de druzes israéliens. Minorité du Proche-Orient non prosélyte, confessant une religion ésotérique tenant à la fois de l'islam et du christianisme, les Druzes sont répartis sur le territoire d'Israël, du Liban et de la Syrie. Excellents soldats, ils ont fait le choix, il y a plus d'un demi-siècle, de servir loyalement les différents Etats dont ils relevaient.

Entre eux, au repos, les Druzes de l'unité Saaf parlent arabe. Au combat (qu'ils ne font qu'à pied), à la radio, ils ne s'expriment qu'en hébreu. Kamal, leur commandant, nous confie : « Le Hezbollah, on ne pourra le détruire qu'au corps à corps ! » A Maroun al-Ras, l'unité a réussi à tuer deux miliciens islamistes armés. En forçant la porte de la cave d'une villa semblant abandonnée, et en tirant à l'aveugle...

Les sentiments ambigus
des Arabes israéliens de Galilée

Le lac de Tibériade est directement relié à Saint-Jean-d'Acre par la nationale 85, serpentant d'est en ouest à travers les collines du nord de la Galilée. Juste après avoir dépassé la ville de Carmel, un embranchement mène à une grosse bourgade adossée aux pentes naissantes d'une haute montagne, dont les minarets sont visibles de loin. En pénétrant au crépuscule dans le village arabe israélien de Deir-el-Assad, j'ai l'impression d'entrer dans un autre monde. Comme si j'avais quitté le moderne Israël – mélange un peu tape-à-l'œil de Californie et de Languedoc-Roussillon – pour me retrouver soudain dans un faubourg du Caire. Pas d'urbanisme, pas de feux rouges, pas de trottoirs, beaucoup de femmes voilées. « Allah Akbar », hurle un muezzin électrique, qui appelle à la prière du soir. Une foule silencieuse a envahi les rues tortueuses, se pressant tout autour d'un immeuble noirci, aux vitres explosées, criblé d'éclats. C'est là que s'est abattue, le 11 août en fin de matinée, une roquette tirée par le Hezbollah depuis le Sud-Liban.

Le missile a pénétré un modeste appartement de premier étage et y a explosé. Une jeune mère de famille se tenait là avec ses deux enfants et sa belle-mère. Les éclats ont tué sur le coup Maryam Fethalla et son fils Walid, âgé de 3 ans. La sœur de Walid, Fatia, a été grièvement blessée, ainsi que la belle-mère, dont les deux bras ont été arrachés par l'explosion. Le père, Ahmad, mécanicien, n'était pas là ; il travaillait dans son garage. Institutrice, Maryam était à la maison, en raison des vacances scolaires. « C'était une famille très respectée dans le village », me dit un voisin aux yeux rougis, « Maryam avait fini l'université de Haïfa ».

J'ai l'impression que le village entier (10 000 musulmans, 2 000 chrétiens) est venu présenter ses condoléances à la famille. Des haut-parleurs juchés sur le toit d'une voiture diffusent un discours en arabe : c'est le maire qui explique à la foule les circonstances de la tragédie, avant de lui indiquer la route que prendra le cortège vers le cimetière. En islam, les funérailles se font, si possible, le jour même du décès.

Autour de l'immeuble meurtri, les hommes expriment leur colère, face au journaliste français qui vient d'arriver. « Tout ça, c'est la faute de Bush et de Blair ! », gronde un gaillard à la quarantaine musclée, qui refuse de donner son nom. « Le Hezbollah ne cherchait au départ qu'à récupérer ses prisonniers croupissant dans les geôles israéliennes ! », ajoute-t-il, faisant allusion à l'attaque du commando, le 12 juillet. Mais Israël n'était-il pas dans son droit en répliquant à cette attaque ? « Nous sommes victimes d'un effet boule de neige », tempère un homme plus jeune. « Nous autres, Arabes, nous ne souhaitons ici qu'une seule chose : vivre chez nous en paix, une bonne fois pour toutes. »

Un voisin de l'immeuble calciné me fait monter chez lui, pour me montrer les dégâts collatéraux subis par son appartement. Il s'appelle Mohammad et est menuisier. Les chambres de ses trois enfants, dont les fenêtres donnaient du mauvais côté, sont ravagées. Ils ont eu la vie sauve parce que, en ce milieu de journée, ils étaient au salon, en train de manger des gâteaux et de regarder la télévision sur un écran géant dernier cri.

Loin de la foule, Mohammad ose affirmer qu'il n'aime pas Nasrallah, devenu depuis quatre semaines le héros des rues arabes. « Ce que font Nasrallah et Olmert en ce moment ne profite à personne. Ils veulent se montrer intraitables, mais ce sont des civils innocents qui meurent un peu partout, au Liban comme en Israël. »

Interviewer des juifs dans une rue de Tel-Aviv, c'est obtenir autant d'opinions différentes que de personnes interrogées. A Deir-el-Assad, petite ville arabe semblable à toutes celles du Moyen-Orient, la rue met un point d'honneur à présenter une opinion unanime, surtout face à l'étranger qui fait intrusion. L'esprit de nuance, on ne le trouve que dans les conversations privées, tenues dans le secret du foyer, à l'écart de la foule en colère.

Les Arabes de nationalité israélienne sont aujourd'hui un million. Ils sont les descendants des 200 000 Palestiniens qui n'ont pas fui de chez eux lors de la guerre israélo-arabe de 1948. Ils maintiennent un esprit de solidarité avec les Palestiniens moins chanceux qu'eux qui partirent se réfugier « pour quinze jours » dans les pays arabes voisins et ne peuvent jamais revenir. Elisant leurs propres députés arabes à la Knesset (dont les discours retransmis à la télévision sont, en cette cinquième semaine de guerre, violemment hostiles à la campagne aérienne menée par le gouvernement Olmert contre le territoire libanais), ils utilisent pleinement la liberté d'expression garantie par la démocratie israélienne. Mais, bénéficiant de tous les avantages sociaux d'un Etat moderne et de la prospérité économique unique d'Israël au Proche-Orient, les Arabes israéliens seraient très peu nombreux à vouloir troquer leur passeport pour celui d'un Etat palestinien qui s'établirait sur Gaza et la Cisjordanie.

D'ailleurs, la foule de Deir-el-Assad s'ouvre, sans le moindre murmure, pour laisser passer une ambulance flambant neuve, frappée d'une grande étoile de David rouge, et appartenant à l'organisation American Red Magen David for Israël. L'ambulance a été appelée pour secourir une jeune femme victime de déshydratation.

Les Arabes israéliens n'entretiennent légalement qu'une différence avec les cinq millions de Juifs vivant en Israël : ils sont exemptés de service militaire. Cet état de fait nuit considérablement à leur intégration, dans une société où l'armée, institution la plus respectée du pays, forme le creuset des futures élites politique et économique.

Ce vendredi 11 août 2006, la ville de Deir-el-Assad est plus que jamais étrangère, psychologiquement et moralement, à sa grande voisine Carmel, dont les jeunes réservistes juifs se précipitent au front, pour « régler leur compte » aux lanceurs de Katiouchas...

Le dernier baroud de l'armée israélienne

Y allait-t-il avoir, le lundi 14 août à 7 heures, un véritable cessez-le-feu entre le Hezbollah et Israël ? Le verdict du Conseil de sécurité de l'Onu allait-il être respecté de part et d'autre ? Les journées de samedi et de dimanche, que je passe à Metulla, pointe extrême du territoire israélien au nord du « doigt de la Galilée », n'augurent rien de bon.

De l'aube au crépuscule, les combats se poursuivent avec une rare intensité à la lisière nord de ce charmant village – naguère très touristique – fondé en 1897 par Edmond de Rothschild pour 57 familles sionistes ayant fui les pogroms d'Europe centrale.

Du haut d'une tourelle bâtie au sommet d'un hôtel curieusement nommé Alaska Inn, on jouit d'un extraordinaire panorama à 360 degrés sur toute la région. Le ciel étant d'un bleu limpide, on distingue parfaitement les silhouettes des immeubles des villages du Sud-Liban. Une colline plus verte que les autres : c'est la bourgade majoritairement chrétienne de Marjayoun. Une montagne surmontée de ruines crénelées : c'est le château de Beaufort, immense forteresse édifiée par les croisés il y a huit siècles.

A l'exact nord de Metulla, à moins de trois kilomètres à vol d'oiseau, se tient, au sommet d'une colline pelée, le village musulman chiite de Khiam. Siège jusqu'en mai 2000 d'une célèbre prison gérée par l'ALS (Armée du Liban-Sud composée des supplétifs chrétiens de Tsahal), Khiam est devenu depuis un fief du Hezbollah. De hautes volutes de poussière ne cessent de s'élever du village, pilonné par l'artillerie lourde israélienne. Ce barrage de feu ne parvient pas à réduire au silence les combattants. Un sifflement aigu, suivi d'une forte explosion, fait trembler les murs de l'hôtel Alaska Inn, dégageant une odeur de cordite et d'aiguilles de pin brûlées : un obus de mortier de 82 mm vient de s'abattre dans un jardin voisin.

Lorsque je porte mon regard vers le sud et la grande plaine cultivée du nord de la Galilée, c'est un festival de roquettes Katiouchas qui s'abattent sur la ville israélienne de Kyriat

Shimona, évacuée par la quasi-totalité de sa population civile.

Soudain, des échanges de tirs d'armes automatiques se font entendre du village de Kila, situé à moins de cinq cent mètres à l'ouest de Metulla : la preuve que les commandos à pied de l'armée israélienne n'y ont toujours pas réussi à extirper le Hezbollah.

Durant toute la journée de samedi, Metulla a vu défiler les brigades mécanisées israéliennes montant vers le Liban-Sud, afin de rejoindre leurs camarades parachutistes, déposés par hélicoptères le long du fleuve Litani. La stratégie de l'armée israélienne semble être de conquérir le plus de terrain possible avant la date butoir du cessez-le-feu. L'espoir des officiers de passage que j'interroge est que Tsahal puisse, même après le cessez-le-feu, continuer à nettoyer, maison par maison, les villages libanais de cette bande de sécurité conquise au nord de la frontière israélo-libanaise. Mais, en fait, personne n'en sait rien. Le déploiement effectif de l'armée libanaise et des Casques bleus de la Finul renforcée devrait en effet prendre plusieurs semaines, me disent les officiers israéliens.

La Finul, force intérimaire des Nations unies au Liban, a été créée en 1978, avec la prétention de pacifier la frontière. Insuffisamment dotée en hommes et en matériel, dépourvue d'un mandat l'autorisant à faire usage de la force, la Finul constitue l'un des échecs les plus flagrants des interventions onusiennes. Quant à son « intérim », il va bientôt fêter son trentième anniversaire...

Le samedi 12, les avions israéliens ont lâché des milliers de tracts sur les localités libanaises situées au sud du Litani, leur intimant l'ordre de regrouper leurs armes à l'entrée du village, autour d'un drapeau blanc visible de loin. Tsahal a également requis des chefs de village de venir à sa rencontre, pour preuve de bonne volonté. Ces messages ont été également diffusés sur la télévision El-Manar (« La Lumière ») du Hezbollah, car les Israéliens disposent d'une technologie leur permettant de faire intrusion à leur guise sur les ondes de leur ennemi. Les Israéliens ont la technologie mais, sur ce point précis, pas le moindre bon sens. Quelle illusion de croire que les combattants du « Parti de Dieu » vont ainsi rendre leurs armes ! Je téléphone sur mon cellulaire à un ami français qui couvre le versant libanais de la guerre. Il vient de s'entretenir avec des militants du Hezbollah dans la banlieue sud de Beyrouth. « Rendre nos armes ? lui ont-ils dit. Nous ne les rendrons qu'au Mahdi en personne ! » Le Mahdi ou imam caché est l'équivalent du messie dans le judaïsme. Dans le chiisme, il est censé revenir pour unifier le monde musulman sous la bannière d'Ali, le gendre du prophète, injustement assassiné à Nadjaf.

En contemplant le panorama de la bataille, je ne cesse de me demander pourquoi, à l'issue d'un mois de guerre contre le Hezbollah, et à deux jours seulement d'un cessez-le-feu ordonné par le Conseil de sécurité de l'Onu, Tsahal a décidé de lancer une offensive de grande ampleur, impliquant plus de 25 000 hommes, et devant la conduire jusqu'aux rives du Litani. La rumeur court que les généraux ont exercé sur les politiques une pression sans précédent dans l'histoire de l'Etat juif. Gênés, les porte-parole de l'armée ne font pas de commentaires. Pour comprendre, il me faut interroger d'anciens militaires, dégagés de leur obligation de réserve.

« La première raison de cette offensive générale de dernière minute est interne à Israël », me confie Aharon Berenson. « Tsahal a un besoin critique de redorer son blason, de reconquérir l'estime dont elle jouissait dans la population israélienne. Un mois de guerre et toujours autant de roquettes tombant sur notre territoire : l'échec est flagrant ! Il va falloir revoir tout l'entraînement des soldats et remodeler totalement la doctrine d'emploi de nos forces. »

Dans tous les sondages d'opinion, l'armée est, de loin, l'institution la plus respectée en Israël, à la différence de la Knesset, ouvertement vilipendée par un très grand nombre de citoyens. Mais, comme elle pompe 60 % du budget de l'Etat, elle est tenue à des résultats.

Pour Aharon, la deuxième raison de cette invasion qui ne dit pas son nom est, pour Tsahal, « d'essayer de retrouver un pouvoir de dissuasion crédible face au monde arabe et à l'Iran ». Selon l'ancien pilote de guerre, la nécessité de conquérir le maximum de terrain sur le Hezbollah pour ne le transmettre ensuite qu'à l'armée libanaise et à la Finul, ne vient qu'en troisième rang dans l'ordre des préoccupations de Tsahal.

Il règne une drôle d'ambiance ce samedi soir à Metulla, où l'électricité saute et revient, au gré des dommages infligés par les obus du Hezbollah. A la terrasse, protégée de murs épais, du Tahana, le dernier restaurant ouvert de la bourgade, se presse une faune hétéroclite : réservistes israéliens en uniforme débraillé échangeant des propos inquiets sur tel hélicoptère qui viendrait d'être abattu par un missile, correspondants de guerre ne pouvant s'empêcher de narrer leurs « exploits » du jour, irréductibles résidents locaux mâles ayant envoyé leur familles vers le sud du pays. La jeune et jolie serveuse est débordée, qui a été abandonnée par ses collègues ayant fui pour Tel-Aviv.

Soudain, la jeune fille pousse un cri de joie, pose son plateau, et court embrasser une silhouette qui s'avance dans l'obscurité. En treillis, le fusil à lunette en bandoulière, le garçon a le visage noirci au bouchon. C'est un commando d'élite, qui s'apprête à repasser de l'autre côté de la frontière. A peine un baiser, et il repart dans la nuit. « Il est du même kibboutz que moi, sur le Golan. Je ne l'avais pas vu depuis un mois. J'en suis toute tremblante ! », confie la serveuse.

A Metulla, la possible fin des hostilités n'enthousiasme pas les réservistes, que je rencontre partout dans les rues bordées de cyprès et de pins parasols. « Le danger est que le Hezbollah renaisse de ses cendres dans un an ou deux », m'explique un jeune capitaine. « Et alors nous aurions eu 170 morts pour rien ! »

Un silence frustrant

Qu'ils soient civils ou militaires, les résidents de Metulla sont, ce lundi 14 août 2006, réveillés par le silence. Au bout d'un mois de guerre, ils s'étaient habitués au fracas des « départs » et des « arrivées ». Ce raffut ininterrompu ne les empêchait plus de dormir. Personne ici ne s'attendait que le cessez-le-feu fût respecté. La veille encore, on entendait, en provenance du village de Khiam des échanges furieux d'armes automatiques, preuve que les commandos israéliens se heurtaient à une féroce opposition des miliciens islamistes, retranchés dans les tunnels aménagés par le Hezbollah.

Pas la moindre détonation ne se fait entendre durant toute la journée. Pas le moindre mouvement n'agite la longue ligne des blindés israéliens qui s'étaient massés sur la route centrale menant à la porte de Fatma donnant sur le Liban – vieux point de passage remontant à l'époque des mandats français (sur le Pays du Cèdre) et britannique (sur la Palestine).

Un groupe de réservistes, le fusil d'assaut en bandoulière, déambule dans les rues de cette petite ville sans enfants – ils ont tous été évacués vers le sud d'Israël au début de la guerre. Aucune gaieté apparente sur le visage de ces hommes, qui savent pourtant qu'ils vont bientôt être autorisés à rejoindre leur famille. Entre eux, ils se parlent en russe : tous sont d'anciens juifs soviétiques, venus s'installer en Israël au début des années 1990. Marat (appelé ainsi en l'honneur du révolutionnaire français), 29 ans, est, dans le civil, ingénieur mécanicien dans une société de constructions d'usines clés en main de Haïfa : « Mes sentiments sont partagés », me confie-t-il. « D'un côté, je suis heureux de retrouver ma femme et mes enfants ; de l'autre, je sais que je reviendrai à la maison sans le goût de la victoire. Le Hezbollah a aujourd'hui la partie belle. Ce cessez-le-feu risque de ne pas durer très longtemps et, dans six mois, dans un an, dans deux ans, il faudra tout recommencer ! »

Son camarade Ilya, ingénieur informaticien dans une start-up de Tel-Aviv, intervient dans la conversation : « Nous n'avons pas remporté de victoire militaire décisive, mais avons-nous seulement une victoire diplomatique ? Je ne la vois pas clairement aujourd'hui. Combattre une guérilla noyée dans une population civile est un art extrêmement difficile. Si vous utilisez toute la puissance de feu de votre armée, vous provoquez inéluctablement des pertes civiles énormes : le prix de la victoire devient trop élevé. Le plus triste dans cette guerre est que ni la population libanaise ni nous, les Israéliens, ne la souhaitions le moins du monde ! »

Assis, à l'ombre d'un cyprès, sur un banc faisant face à la vieille mairie de Metulla, un homme en uniforme kaki, une kippa sur la tête, semble songeur. Ce réserviste s'appelle Yaïr (la « lumière » en hébreu) et est, en temps ordinaire, directeur d'une école primaire à Lod (la ville du centre du pays abritant l'aéroport international Ben-Gourion). « Mon sentiment premier ? La frustration ! », me répond ce Juif religieux qui effectua, il y a dix ans, son service militaire chez les Golani. « Durant tout ce mois de guerre, l'armée a eu les mains liées par les dirigeants politiques. On ne nous a pas permis de finir le boulot, d'écraser le Hezbollah une fois pour toutes, en employant toute la puissance de Tsahal. Au Moyen-Orient, vous ne pouvez pas tergiverser quand vous êtes attaqués, sinon c'est un message de faiblesse que vous envoyez à tous vos ennemis ! Cette histoire n'est hélas pas finie... »

Même Bialik, 65 ans, chaleureux propriétaire d'un petit hôtel familial, issu d'une vieille famille juive installée dans la région depuis le XIXe siècle, ne décolère pas : « Le Hezbollah violera cette trêve quand ça l'arrangera. Nous avons dû céder parce qu'Israël est trop petit et ne peut se permettre d'avoir le monde entier contre lui. Mais vous, les Européens, vous êtes totalement inconscients face à la menace islamiste. L'Iran s'en prend à nous aujourd'hui, mais demain ça sera votre tour ! »

Israël se demande s'il n'a pas perdu la guerre

A Métulla, les résidents commencent à croire à la réalité du cessez-le-feu. Le fait que pas la moindre détonation n'ait été entendue dans les villages chiites qu'on voit de toutes les terrasses confirme qu'il se passe quelque chose. Les pères qui étaient restés pour entretenir leurs vergers ou tenir leurs hôtels, ne croient pas à une reprise immédiate des hostilités. « Avec ces milliers de Libanais qu'on voit, à la télévision, se ruer sur les routes pour revenir chez eux, je ne vois pas le Hezbollah prendre la responsabilité d'une nouvelle provocation », m'explique, le matin du 15 août, le patron d'un « *bed and breakfast* » aménagé dans une villa de style Bauhaus. Désormais résignés au silence des armes, les résidents de Metulla ne cessent de se poser une question, dans leurs conversations à l'ombre des palmiers et des cyprès : « Qui donc a gagné cette guerre ? »

Le professeur d'université Moshe Gottlieb, lieutenant-colonel réserviste en uniforme, que je rencontre à la terrasse d'un café, analyse la situation : « Au début de cette guerre, le gouvernement avait publiquement annoncé quatre objectifs : la récupération des deux soldats enlevés le 12 juillet ; le déploiement de l'armée libanaise sur la frontière ; le désarmement de la milice du Hezbollah ; la mise en place d'un embargo sur les armes lui parvenant de Syrie et d'Iran. » En scientifique accompli, Moshe énumère : « Le premier, le troisième et le quatrième objectifs ne sont clairement pas atteints aujourd'hui par Israël. Le deuxième a de fortes chances d'aboutir, et nous pouvons espérer que le Hezbollah sera *de facto* repoussé vers le nord et qu'il ne pourra plus monter des raids contre notre frontière. Il faut reconnaître que le bilan est pour le moment modeste ! »

Quand il se tourne du côté du Hezbollah, ce spécialiste de chimie industrielle, enseignant à l'université de Beersheva (chef-lieu du désert du Néguev), refuse de reconnaître à l'organisation islamiste chiite une victoire tous azimuts. Dans un discours télévisé du 14 août au soir, Hassan Nasrallah a revendiqué une « victoire stratégique historique » sur Israël. Moshe Gottlieb lui concède que si ses buts étaient de tuer le plus possible de soldats juifs et de devenir ainsi le héros des masses populaires politiquement frustrées du monde arabo-musulman, le coup est brillamment réussi. En revanche, le professeur-officier estime que le Hezbollah a perdu le pouvoir de dissuasion que lui donnait son immense stock de missiles en tous genres, de fabrication syrienne ou iranienne. « Près de 4 000 roquettes sont tombées sur le territoire israélien. Elles ont tué 43 civils. C'est terrible pour les familles touchées, mais ce n'est pas grand-chose en termes absolus. Chaque année, les accidents de voiture tuent 500 Israéliens. Les attentats-suicides ont fait presque un millier de morts en Israël. Le pays a appris à vivre avec les roquettes. Nasrallah ne pourra plus tenter d'intimider le gouvernement israélien avec cette menace ! »

Faisant contre mauvaise fortune bon cœur, Moshe estime que « les victoires éclatantes n'apportent pas toujours que du bon, car elles renforcent l'hubris des gouvernements. Que nous a apporté notre brillante victoire de 1967 ? Des territoires occupés et que des ennuis depuis lors ! » Il est vrai que seule la guerre du Kippour, au succès militaire mitigé, fut suivie, pour Israël, par une brillante victoire politique : la paix avec l'Egypte.

L'establishment militaire
tire les premières leçons
du conflit

Le jeudi 17 août, je suis de retour à Tel-Aviv, dont les plages ne désemplissent pas. Maintenant que la guerre contre le Hezbollah semble à tous bel et bien terminée (provisoirement ?), l'armée israélienne entame un vaste exercice d'introspection sur les failles révélées par ce mois de combats antiguérilla livrés sur le territoire libanais. Amir Peretz, le ministre de la Défense, vient d'ordonner une enquête interne, confiée à une commission *ad hoc* composée de généraux en retraite. Beaucoup de réservistes en colère me disent qu'ils souhaiteraient que ce travail soit confié à une commission parlementaire et ses conclusions rendues publiques.

Stratégiquement, l'usage immodéré de l'aviation (plus de 7 000 « sorties » suivies de frappe) a démontré ses limites. Tout en nuisant à l'image d'Israël à travers le monde, les bombardements aériens n'ont en rien diminué la combativité du Hezbollah qui, jusqu'à la veille du cessez-le-feu, s'est montré capable d'arroser de Katiouchas le territoire nord d'Israël et de tuer des soldats de Tsahal dans les combats presque au corps à corps se déroulant, de villa en villa, dans les bourgades à moitié détruites du Sud-Liban.

Tactiquement, l'armée de terre devra mettre de côté son équipement lourd (brigades mécanisées conçues pour faire la guerre à des armées du type de celles de l'ancien Pacte de Varsovie), pour former davantage de petites unités de commandos, capables d'aller chercher au fond de leurs caches les miliciens islamistes. « Ils sont courageux, déterminés, patients, bons tireurs, ces types du Hezbollah », m'explique un chef de bataillon de réserve, juste de retour du Sud-Liban, où il a passé trois semaines. « Ce sont des professionnels, que je respecte en tant que tels. Tout au long du conflit, ils ont réussi, malgré nos bombardements, à conserver intact leur système de communications. Un ordre émis de la banlieue sud de Beyrouth à 9 heures était exécuté à 11 heures avec une coordination parfaite. Je pense au bombardement de Kyriat

Shimona (la principale ville israélienne de l'extrême nord de la Galilée), l'un des derniers jours de la guerre. Les Katiouchas venaient de cinq directions différentes et les tirs ont commencé exactement en même temps. Notre chef d'état-major a commis une lourde erreur en sous-estimant le Hezbollah, et en pensant qu'il se laisserait intimider par des bombes lâchées d'avion ! »

Les stratèges israéliens ne se contentent pas de réexaminer leur doctrine d'emploi des forces ; ils jaugent également les armes ayant permis au Hezbollah de tuer plus de 115 soldats en un mois. Ils restent perplexes devant le fait que certaines d'entre elles sont de conception russe ou chinoise récente. Le 14 juillet, un char Merkava israélien a été touché par un missile METIS-M. Fabriqué à Toula (région de Moscou) par la société d'Etat KBP, le METIS est ce que les Russes font de mieux en matière de missiles antichar portables. C'est un missile filoguidé d'une portée de 2 kilomètres, capable de percer un blindage de plus de 40 centimètres. A la fin des années 1990, la Russie a signé un contrat de vente de METIS avec la Syrie, mais avec ce qu'on appelle, dans le milieu des ventes d'armes, un « *end user statement* ». C'est une garantie que l'arme livrée ne se retrouvera pas, en principe, dans d'autres mains que celles du pays acheteur.

La roquette de 220 mm qui s'abattit le 15 juillet sur l'atelier de réparation des trains de la gare d'Haïfa était de fabrication syrienne. Mais, sur place, les enquêteurs israéliens ont retrouvé un système de mise à feu russe sophistiqué (de type MPB-Y), dont les caractères cyrilliques étaient encore apparents.

Les Israéliens ont aussi noté que plusieurs dizaines de missiles de fabrication chinoise – dotés de bombes à fragmentation particulièrement létales – étaient tombés sur leur territoire. Ils sont sans doute parvenus au Hezbollah par l'intermédiaire de l'Iran. Sur une autre roquette de 220 mm de fabrication syrienne, les enquêteurs israéliens ont trouvé un système de mise à feu chinois MJ-4G, fabriqué par la société d'Etat Norinco.

Pourtant, depuis plus d'une dizaine d'années les relations sino-israéliennes sont excellentes. En 2004, l'industrie israélienne de défense souhaitait vendre à la Chine ses produits de haute technologie (comme les drones de surveillance aérienne), mais le Pentagone y a mis son veto. Du côté russe, le président Poutine a considérablement amélioré les relations avec Israël, où vivent plus d'un million de ses anciens compatriotes. Aussi ne suis-je pas surpris quand j'apprends que la diplomatie israélienne est bien décidée à envoyer de discrets messages de protestation à Moscou et Pékin.

L'ancien Premier ministre Benjamin Nétanyahou, aujourd'hui leader de l'opposition, n'a pas cherché à exploiter politiquement la frustration évidente de la population israélienne. Dans son discours à la Knesset du lundi 14 août, il ne s'est pas étendu sur les « erreurs commises », maintes fois répertoriées et dénoncées. En revanche, il a prononcé une phrase définitive, que tous les Israéliens que je rencontre à Tel-Aviv se plaisent à me répéter : « Que les Arabes déposent les armes et ce sera la paix. Que les Juifs déposent les armes, et ce sera la disparition d'Israël ! »

Et s'ils le faisaient ensemble ?

CHRONOLOGIE

(Où l'on voit que l'Histoire a, parfois,
une fâcheuse tendance à se répéter)

Janvier 1916. Accords Sykes-Picot : estimant
qu'elles vont gagner leur guerre contre l'empire ottoman, la France et la Grande-Bretagne
se partagent à l'avance les territoires occupés
par les Turcs. La Syrie revient à la France ;
la Mésopotamie et la Jordanie reviennent à la
Grande-Bretagne. On prévoit un statut international pour Jérusalem et la Palestine.

Novembre 1917. Déclaration Balfour : dans
une lettre adressée à lord Rothschild, l'un des
plus fervents défenseurs du sionisme au sein
de la communauté juive de Grande-Bretagne,
Arthur Balfour, secrétaire au Foreign Office,
écrit : « Le gouvernement de Sa Majesté envi-

sage favorablement l'établissement en Palestine d'un Foyer national pour le peuple juif. »

1918-1920. Province de l'Empire ottoman jusqu'à la Première Guerre mondiale, la Palestine passe, après la défaite de l'armée d'Istanbul, sous occupation militaire puis sous mandat britannique (donné par la Société des Nations).

1er septembre 1920. Le général Gouraud proclame, à Beyrouth, la création du Grand-Liban, dans les frontières réclamées par la délégation libanaise à la Conférence de Versailles. Le nouveau territoire comprend non seulement l'ex-province autonome du Mont-Liban, mais aussi les provinces du nord (Tripoli) du sud (Tyr) et la Bekaa. L'équilibre confessionnel est précaire : les chrétiens ne représentent que 55 % de la population, les sunnites 20 %, les chiites 17 % (essentiellement dans le sud et dans la plaine de la Bekaa) et les druzes 17 %. Cette amputation à l'intérieur de ce qui était la « province de Syrie » ne sera jamais acceptée par les élites politiques de Damas.

Septembre 1943. Fin du mandat français et élection d'un parlement libre au Liban. Les musulmans acceptent que le Liban reste séparé de la Syrie, tandis que les chrétiens reconnaissent l'ancrage du pays au sein du monde arabe : c'est le « Pacte national ».

1947. Une commission spéciale de l'Onu préconise le partage de la Palestine entre un Etat juif et un Etat arabe. Ce plan est approuvé par l'Assemblée générale de l'Onu et l'Agence juive, mais refusé par les Arabes. La Grande-Bretagne annonce qu'elle retirera toutes ses troupes avant le mois de mai 1948 et abandonne à l'Onu le dossier de la Palestine.

14 mai 1948. David Ben Gourion proclame l'indépendance d'Israël, sans indiquer de limite territoriale à ce nouvel Etat, aussitôt reconnu par le président américain Truman. Le lendemain, l'Egypte, la Syrie, la Jordanie, le Liban et l'Irak déclarent la guerre à Israël. La grande majorité des Palestiniens fuient – ou sont chassés – par l'avancée de la nouvelle armée israélienne. Ils se réfugient au Liban, en Jordanie, et dans la bande de Gaza.

1949. Les Israéliens, qui ont gagné la guerre, signent des conventions d'armistice. Les lignes de cessez-le-feu deviennent les nouvelles frontières d'Israël.

Juin 1967. La guerre des Six Jours aboutit à l'occupation, par Israël, de la bande de Gaza et de la Cisjordanie. Le Liban reste neutre pendant le conflit.

Octobre 1973. La guerre du Kippour provoque le premier choc pétrolier.

Avril 1975. Heurts sanglants à Beyrouth, entre milices palestiniennes et Phalanges chrétiennes. C'est le début de la guerre civile libanaise, qui va durer quinze ans.

Juillet 1976. Intervention au Liban de l'armée syrienne qui vient au secours des chrétiens et qui attaque les camps palestiniens. La Syrie, qui renversera plusieurs fois ses alliances au Liban, y restera vingt-neuf ans.

15 mars 1978. En représailles à une attaque de fedayins palestiniens à l'intérieur du territoire israélien, Israël envahit le Sud-Liban puis occupe une zone allant de sa frontière au fleuve Litani. 250 000 Libanais se réfugient au-delà du fleuve.

19 mars 1978. Le Conseil de sécurité de l'Onu vote la résolution 425, qui appelle Israël à se retirer du Sud-Liban et qui institue la Finul (Force Intérimaire des Nations Unies au Liban), afin de vérifier le retrait israélien, de restaurer la paix et d'aider le gouvernement libanais à rétablir son autorité dans la zone.

13 juin 1978. Israël quitte le Sud-Liban, à l'exception d'une bande de dix kilomètres de large. Israël en confie le contrôle, non à la Finul, mais à l'« armée du Liban-Sud », milice chrétienne supplétive de Tsahal.

18 septembre 1978. Accord de paix israélo-égyptien de Camp David.

6 juin 1982. Invasion israélienne du Liban, pour en chasser les milices palestiniennes. Le prétexte avancé pour l'opération « Paix en Galilée » est la tentative d'assassinat, à Londres, de l'ambassadeur d'Israël, par un groupuscule palestinien manipulé par l'Irak de Saddam Hussein. Les chiites accueillent au départ les Israéliens avec des fleurs. Mais l'occupation se prolongeant, ils se retournent bientôt contre eux.

14 septembre 1982. Assassinat à Beyrouth (à l'instigation de la Syrie) du président libanais élu Béchir Gemayel.

15 septembre 1982. Les troupes israéliennes pénètrent dans Beyrouth-Ouest.

16-18 septembre 1982. Dans les camps de Sabra et Chatila, des centaines de Palestiniens sont massacrés par la milice chrétienne d'Elie Hobeika, que Tsahal a laissée passer.

24 septembre 1982. Arrivée à Beyrouth du premier contingent d'une force multinationale franco-italo-américaine de 2000 hommes, qui s'assure du départ de l'armée israélienne de la capitale libanaise, effectif le 26 septembre.

Fin 1982. Création, par des religieux libanais chiites, du Hezbollah (« Parti de Dieu »), conçu comme un mouvement de résistance armée contre Israël (Etat qu'il ne reconnaît pas), et dont le programme politique prône l'instauration d'une République islamique au Liban. Le mouvement est entraîné et financé par un contingent de 2000 pasdarans (ou « gardiens de la Révolution ») iraniens, que Téhéran a envoyé dans la Bekaa pour aider la résistance contre Israël. Dès le départ, le Hezbollah est également soutenu par la Syrie, qui voit en lui le moyen de livrer une guerre facile – car par procuration – à Israël.

17 mai 1983. Signature d'un accord de paix entre le président libanais Amine Gemayel et le gouvernement israélien, qui prévoit le retrait du Liban de toutes les forces étrangères (israéliennes, syriennes, palestiniennes), l'arrêt de tout acte hostile et la constitution d'une zone de sécurité au Liban-Sud. Mais l'accord, qui est dénoncé par la Syrie, le Hezbollah et la gauche libanaise laïque, ne sera jamais ratifié par le Parlement de Beyrouth.

30 août 1983. Le relatif échec de la guerre au Liban conduit le premier ministre israélien Menahem Begin à démissionner.

23 octobre 1983. Deux attentats à la voiture piégée préparés par le Hezbollah frappent les casernes française (56 morts) et américaine (239 morts) de la Force multinationale.

Janvier 1984. La Force multinationale franco-italo-américaine commence son évacuation de Beyrouth, laissant la guerre civile reprendre de plus belle.

6 juin 1985. Les troupes israéliennes se retirent du Liban, tout en conservant une « zone de sécurité » au sud, allant de leur frontière au fleuve Litani.

16 juin 1985. Le Hezbollah détourne un avion de la TWA sur Beyrouth, pour exiger la libération de prisonniers libanais chiites détenus en Israël.

1985-1986 : Le Hezbollah multiplie l'enlèvement de citoyens français à Beyrouth, pour exiger de Paris qu'il rembourse à l'Iran des mollahs l'argent qu'avait investi le shah dans des programmes nucléaires en France.

Août 1988 : Création, à Gaza, du Mouvement palestinien de résistance islamique Hamas (« enthousiasme » en arabe), lié au mouvement égyptien des Frères musulmans. Dans sa charte, il affirme que la Palestine est une propriété religieuse de l'islam, qui ne peut donc être négociée. Bien que le Hamas soit palestinien sunnite et le Hezbollah libanais chiite, les deux mouvements sont idéologiquement proches. Tous deux entretiennent des programmes d'aide sociale très poussés, afin de gagner les masses défavorisées à leur cause. Tous deux cautionnent la pratique des attentats-suicides contre les Israéliens.

24 octobre 1989. 63 députés libanais (élus en 1972) signent, dans la ville saoudienne de Taëf, un « document d'entente nationale » qui rééquilibre, en faveur des musulmans, la répartition des pouvoirs au Liban, et qui y légitime la présence militaire syrienne (pour une période de deux ans sur tout le territoire, et pour une période non définie, à négocier « dans le futur », pour la Bekaa). Le document stipule que le Liban et la Syrie sont unis par des « relations privilégiées ». L'accord de Taëf est soutenu par l'Amérique et la France, qui, las de la guerre civile au Liban, se sont résignés à la « pacification » syrienne du pays.

16 février 1992. Des hélicoptères israéliens tuent le cheikh Moussawi, secrétaire général du Hezbollah, alors qu'il circulait en voiture dans la région de Saïda. Hassan Nasrallah, qui avait été le disciple de Moussawi à la faculté de théologie de Nadjaf (Irak), est élu à sa place. Le nouveau leader du « Parti de Dieu » a 32 ans.

Printemps 1992. Le Hezbollah multiplie les actions de guérilla contre l'armée israélienne au Sud-Liban.

25 juillet 1992. L'aviation israélienne réplique en bombardant les bases du Hezbollah au Liban. Le Hezbollah riposte en lançant des roquettes sur le nord de la Galilée. Le premier ministre israélien Rabin lance l'opération « Règlement de compte », qui entraîne la fuite vers le nord du Liban de 300 000 personnes. Le 31 juillet, un cessez-le-feu intervient, à la suite de pressions diplomatiques américaines.

13 septembre 1993. Signature à Washington des accords d'Oslo par Rabin et Arafat, entamant un processus de reconnaissance mutuelle entre Israéliens et Palestiniens.

11 avril 1996. Opération « Raisins de la colère » : les Israéliens bombardent les bases du Hezbollah au Sud-Liban, dans la banlieue sud de Beyrouth, et dans la plaine de la Bekaa.

18 avril 1996. Un obus israélien tombe sur une base de la Finul dans la bourgade de Cana, tuant plus d'une centaine de civils libanais qui s'y étaient réfugiés. Les Etats-Unis imposent une trêve.

1er avril 1998. Le cabinet de sécurité israélien (les ministres les plus importants) accepte, par un vote, d'appliquer la résolution 425 du Conseil de sécurité de l'Onu, à la condition que le Liban se porte garant de la sécurité de la frontière nord d'Israël. Les gouvernements libanais et syriens rejettent cette condition.

5 mars 2000. Le cabinet israélien adopte le principe d'un retrait unilatéral du Sud-Liban avant la date du 7 juillet 2000.

24 mai 2000. L'armée du Liban-Sud, milice chrétienne supplétive de Tsahal, se débande. Retrait surprise, durant la nuit, de l'armée israélienne.

25 mai 2000. Le Hezbollah prend possession des « régions libérées », tout en veillant à ce qu'aucune exaction ne soit perpétrée contre les villages chrétiens. Le Liban décrète jour férié le 25 mai, sous l'appellation de « journée de la Résistance et de la Libération ».

30 mai 2000. A Bint Jbail, devant 100 000 miliciens chauffés à blanc, Nasrallah prononce son grand « discours de la victoire », où il incite les Palestiniens à suivre l'exemple du Hezbollah, à renoncer aux « illusoires » pourparlers de paix avec les Israéliens, et à reprendre les armes.

28 septembre 2000. Début de la seconde intifada palestinienne. Les fusils et les bombes ont remplacé les pierres de la première intifada.

Septembre 2004. Sur une initiative franco-américaine, le Conseil de sécurité de l'Onu adopte la résolution 1559, qui exige le départ des troupes syriennes du Liban et le désarmement du Hezbollah. Damas rejette la résolution et fait pression sur le Parlement libanais pour qu'il prolonge de trois ans le mandat du président pro-syrien Emile Lahoud. Le premier ministre Rafiq Hariri s'oppose publiquement à cette extension anticonstitutionnelle, puis démissionne.

14 février 2005. Assassinat de Rafiq Hariri dans un attentat à la voiture piégée sur la corniche de Beyrouth, imputé aux services secrets syriens. Immense émotion dans les communautés sunnite, chrétienne et druze, qui s'unissent et manifestent pour exiger la fin de l'occupation syrienne du Liban.

5 mars 2005. Dans un discours au Parlement de Damas, le président syrien Bachar el-Assad annonce le prochain retrait de ses troupes du Liban, tout en incitant les partis libanais pro-syriens à combattre tout éventuel projet de paix séparée entre le Liban et Israël.

8 mars 2005. Le Hezbollah, silencieux depuis l'assassinat d'Hariri, réunit 500 000 supporters dans le centre de Beyrouth. S'adressant à la foule, Nasrallah remercie d'abord la Syrie d'avoir « tant aidé le Liban », puis annonce que son mouvement ne se désarmera pas, car il y a « une décision stratégique de l'Etat libanais pour confier au Hezbollah sa défense contre Israël ».

Juin 2005. L'alliance anti-syrienne conduite par Saad Hariri (le fils de l'ancien Premier ministre assassiné) remporte les élections législatives libanaises. Le nouveau Parlement nomme Fouad Siniora Premier ministre.

Août 2005. A la suite d'une décision unilatérale, les Israéliens évacuent entièrement la bande de Gaza.

Décembre 2005. Assassinat de Gébran Tuéni, patron de presse et député connu pour ses positions anti-syriennes. C'est le quatrième attentat de ce type depuis le départ des forces syriennes du Liban.

Février 2006. L'ambassade du Danemark à Beyrouth est incendiée par des manifestants venus de la banlieue sud de la capitale, fief du Hezbollah. Les manifestants prétendent protester contre des caricatures de Mahomet publiées dans un journal de Copenhague.

25 juin 2006. Un commando de Gaza, appartenant à la branche armée du Hamas, pénètre en territoire israélien, y tue deux soldats et en enlève un autre.

12 juillet 2006. Un commando du Hezbollah franchit, avant l'aube, la frontière entre le Liban et Israël et parvient, à 9 heures, à enlever deux de ses soldats. Tsahal envoie des chars de l'autre côté de la frontière pour tenter, en vain, de récupérer ses hommes. Un char est détruit par un missile du Hezbollah. Tsahal a huit soldats tués au cours de cette seule journée. Un communiqué de la milice islamiste chiite justifie l'enlèvement par sa « promesse » d'obtenir la libération, en 2006, de ses prisonniers en Israël. Le sommet du G 8, réuni à Saint-Pétersbourg, condamne unanimement l'agression du Hezbollah contre Israël. Le gouvernement de Jérusalem annonce qu'il abandonne les politiques anciennes d'échanges de prisonniers et qu'il est décidé à détruire le Hezbollah une fois pour toutes.

13 juillet 2006. Début d'une très intense campagne aérienne israélienne de bombardement du territoire libanais, visant ses infrastructures autant que les repaires supposés du Hezbollah. La milice islamiste riposte par des tirs de roquettes à l'aveugle sur les villes de Galilée.

26 juillet 2006. La Conférence internationale de Rome ne parvient pas à imposer un cessez-le-feu, mais reprend l'idée française d'une force internationale.

30 juillet 2006. Tragédie de Cana : 26 femmes et enfants libanais meurent dans un bombardement israélien. Immense émotion à travers le monde.

11 août 2006. Le Conseil de sécurité de l'Onu vote la résolution 1701, qui impose un cessez-le-feu, prévoit le déploiement de l'armée libanaise sur sa frontière sud, renforce la Finul, décrète un embargo sur les armes destinées au Hezbollah.

14 août 2006. Entrée en vigueur du cessez-le-feu, qui est respecté aussi bien par les Israéliens que par le Hezbollah.

7 septembre 2006. Israël lève son blocus naval et aérien sur le Liban.

17 septembre 2006. Pressé par son opinion publique, le cabinet israélien ordonne une enquête gouvernementale sur les ratés militaires et politiques de la guerre au Liban, sans la placer toutefois sous l'autorité de la Cour suprême (afin d'éviter d'éventuelles conséquences judiciaires).

CARTES

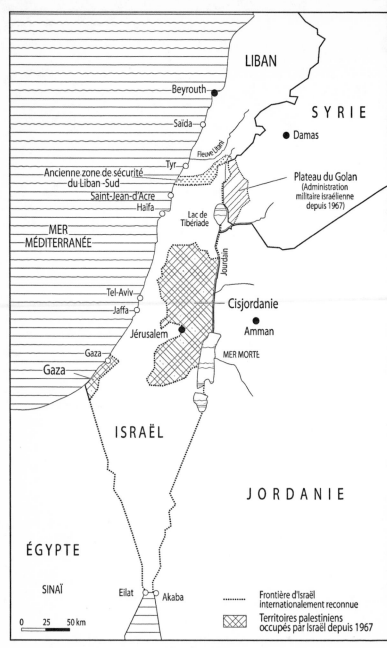

Le Proche-Orient

La frontière israélo-libanaise

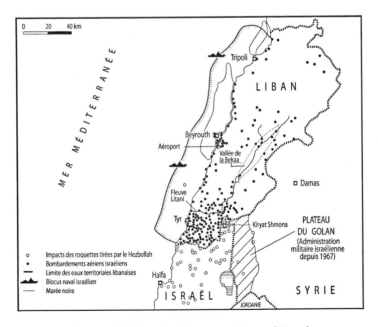

Théâtre des bombardements aériens d'Israël
et des tirs de roquettes du Hezbollah

Table

Composition et mise en page

NORD COMPO
multimédia

Cet ouvrage a été imprimé par la
SOCIÉTÉ NOUVELLE FIRMIN-DIDOT
Mesnil-sur-l'Estrée
pour le compte des Éditions Perrin
11, rue de Grenelle
Paris 7ᵉ
en septembre 2006

Imprimé en France
Dépôt légal : octobre 2006
N° d'édition : 2201 – N° d'impression : 81510